JN049866

毎日のスヌーピー

現場で使える英会話力をつける

PEANUTS by Charles M. Schulz

Editing and writing by James M. Vardaman

朝日新聞出版

朗読音声について

スマートフォンやタブレットで聴く方法

AI英語教材アプリabceed
iOS·Android対応
無料プランで音声が聴けます。
https://www.abceed.com/

※ご使用の際は、アプリをダウンロードしてください
※abceedには有料プランもあります
※使い方はhttps://www.abceed.com/でご確認ください

また、mikanアプリ(https://mikan.link)にも対応しています。

パソコンで聴く方法

本書の朗読音声))) は、
朝日新聞出版のHPからダウンロードできます。
https://publications.asahi.com

但し、HPからのダウンロードは、パソコン回線で行ってください。
スマートフォンでご使用の場合は、パソコンにダウンロードしたデータを転送してください。

毎日のスヌーピー

現場で使える英会話力をつける

もくじ

編集協力　渡邉真理子
録音協力　英語教育協議会、東 健一
ナレーション　Howard Colefield　Karen Haedrich

英会話にぜったい必要な「ふたつの知識」を身につけ、「予測力」を鍛える

「ドラえもん」はむずかしい

「中学、高校、大学とまあまあ英語を勉強した、成績も悪くない。**でも、ごく簡単な単語しか使われていないネイティブの日常会話の意味が理解できない**」という英語学習の悲劇はなぜ起きるのでしょうか。

その理由は、英会話に必要な「ふたつの知識」が足りていないからだと思います。私がそのことに気がついたのは、自身の体験を通してでした。

私が、26歳でアメリカから日本に来て初めて「ドラえもん」を見たときの経験をお話しします。

私は大学で5年間、真剣に日本語を学びました。アメリカから渡日したころの私の日本語読解力は、夏目漱石や森鷗外の作品を読んで理解できるまでに達していました。手前味噌ながら、漢字の語彙力や日本文学の読解に関して言えば、日本の大学生に引けを取らないものを持っていたと思います。ところがです。ある日、テレビから流れてくる「ドラえもん」を観て、呆然としました。のび太やドラえもんが話す、ごく簡単なはずの会話の意味がとれず、何が面白いのか、どこが笑いどころなのか、全く分からなかったのです。あきらかに子ども向けに作られたアニメの会話が理解できず、大変恥ずかしかったことを強く覚えています。

あれだけ真剣に勉強したにもかかわらず、なぜ「ドラえもん」で交わされる会話が理解できず、笑えないのか。

単語力と文法の知識は十分にあったはずなのに、です。私が日本に来てぶつかったこの壁は、実は私が日常のコミュニケーションに欠かせない「**ふたつの知識**」を鍛えていなかったことを明らかにしてくれたのです。

それは次のふたつです。

(1)　文化背景の知識
(2)　セットフレーズ（set phrases）の知識

詳しくは後述するので、ここでは簡単にご説明いたします。

(1) の**文化背景の知識**とは、「ドラえもん」で言えば、日本の小学校はどんなものなのか、親子関係、友人関係はどう築かれているのか、などの日本人の日常生活についての知識です。わび・さび・禅などの日本文化ももちろん重要ですが、もっと**日常に根差した、市井の生活の知識**も身につける必要があったのです。日本に生まれ育っていれば自然に身につけられる常識的な知識とも言えます。

(2) の**セットフレーズ（set phrases）**とは、本書だけの呼称で、**組み合わさることで新しい意味が生じる単語のあつまり**のことです。日本語で例を挙げますと、「時を刻む」もこのひとつです。時を刻むとは、言葉どおりに「時を（刃物などで）切り刻む」ということではないですよね。このように、ただ個々の単語の意味を取るだけでは理解できない単語の集まりのことをセットフレーズと呼んでいます。

日本語を母語としない者にとって、「ドラえもん」はむずかしい。

そのことに気がついて、理解に不可欠な「ふたつの知識」を補う意識を持ってから、私の日本語の会話力は目に見えて高まっていきました。

本書は、「学校の教科としての英語はある程度身についている、つまり**単語も文法もある程度身につけたが、実際に英語を使おうとすると使えない。**英会話を自在に楽しむには一歩足りていない」と感じている皆さんに*Peanuts*を読み込んでもらい、スヌーピーたちの言葉を範としながら「ふたつの知識」の鍛え方を学び、本当に使える英会話力の土台を作ってもらう書籍です。

私にとってのドラえもんは、皆さんにとっての*Peanuts*にあたるのではないかと思います。

次のエピソードを読んでみてください。

いかがでしょう。すぐに理解し、楽しむことができましたか？86ページにいって、意味を確認してみましょう。
このエピソードを楽しむためにも「ふたつの知識」が必要だとわかると思います。

Peanuts は、アメリカの文化背景の知識と、日常英会話表現の宝庫です。ネイティブスピーカーから見てむずかしい英単語は使われていません。もし、読んでみてむずかしく感じる表現があったとしたらラッキーです。学校のテキストには載っていなかったけれど、ネイティブスピーカーの使用頻度が高い表現をひとつ覚えられる、ということですから。

ユーモアが分かることの重要性について

さて、先ほどのエピソードを英語で読んでニッコリできましたか？　この「ニッコリ」ということに、ネイティブスピーカーとの本当の会話を楽しむための本質が隠れています。

「国境の長いトンネルを抜けると雪国であった。夜の底が白くなった。」で始まる川端康成氏の『雪国』は、翻訳がとても困難と言われています。
その『雪国』の英訳を成し遂げたのは、日本文学の翻訳家エドワード・G・サイデンステッカー氏です。のちにノーベル文学賞を受賞した川端氏は、受賞にはサイデンステッカー氏の翻訳が不可欠であったとして、賞金の半分を彼に渡しました。
氏による、『雪国』冒頭2文の英訳は次のようなものです。

The train came out of the long tunnel into the snow country. The earth lay white under the night sky.

いかがでしょうか。ここでの「国境」は文字どおりの国境ではないので、border などを使うと英語ネイティブの誤解を招きます。英語訳ではあえて切り落とし、“into the snow country” にその意を託しています。また、“the bottom of the night” と直訳してしまうと全く伝わらない「夜の底」という表現は、「夜空の下に大地が白く横たわっている」とあらたな詩的表現がほどこされていますね。これはサイデンステッカー氏が、読み手である英語ネイティブの文化背景はもちろん、日本文化と日本語表現に精通していたからこそできた訳といえるでしょう。

サイデンステッカー氏は日本語ネイティブではなく、20 歳近くになってから日本語を学習した第二言語学習のエキスパートでもあります。『源氏物語』の英訳者として名前をご存知の方もいらっしゃるかもしれません。日本語ネイティブではないうえに、日本文学についてほとんど独学であるのに、日本語を母語にする皆さんでも完璧に理解することはむずかしいであろう、世界最古の長編小説を完訳したというのですから、すごいことです。

そんな彼が翻訳について語った、下記のような文章があります。

「翻訳向きの文章というものがあることに、早くから気がついていた。出来るだけ洒落っけをなくし、比喩的な用語を避け、二重の意味に受け取られるような言葉も避ける。ユーモアも方言も禁物である。あまりにも特殊な場所に属するものは、場所を変えると有効でなくなるものである。」

『谷中、花と墓地』エドワード・G・サイデンステッカー／著　山口徹三／編　より

第二言語学習のエキスパートである彼が言うのですから、ユーモアは少なくとも翻訳が非常に困難なものだ、とは言えそうです。

2016年に刊行されたベストセラーに『翻訳できない世界のことば』（創元社）という書籍があります。皆さんの中にも手にとってご覧になったことがある方が多くいらっしゃるかもしれません。他言語では表現しようのない言葉を、絵とともに紹介したすてきな一冊です。この本を読まれた方ならよくお分かりになることかと思いますが、「翻訳が困難だ」ということはつまり、その表現がその言語を母語にする人々の核に触れているということ、つまりその表現に、その言語使用地域に固有の文化や考え方が表れている、ということの証左といえましょう。

第二言語でコミュニケーションをとるときに、**「翻訳が困難」な表現や言葉にこそ、実際にネイティブスピーカーとの本当の会話ができるか否かの分水嶺がある**とも言えます。

人気の映画「フォレスト・ガンプ」の原作はウィンストン・グルームの同名小説です。小説内でも繰り返し出てくる有名な一句があります。これも実は「翻訳が困難」な（そのままでは伝わらない）言葉です。

"Life is like a box of chocolates. You never know what you're gonna get."

フォレスト・ガンプが生きていた当時のアメリカでは、バレンタインデーでなくとも年に何度もチョコレートをプレゼントされる機会がありました。チョコレート・ボックスにはどの粒が何味なのか教えてくれる親切な説明書きはありません。日本で売っているチョコレートにはそれぞれがどんな味か明示されていますが、フォレストの時代では、一口かじってみないとそのチョコレートがどんな味かは分からなかったわけです。「人生はチョコレート・ボックスのようなもの。何を食べようとしているかなんて分かりようがない」と字面どおりに受け取っては実際のニュアンスは伝わりません。「人生はやってみないとどんなことがあるかは分からない」と付け加えないと、本来の意味には近づかないでしょう。

ユーモアの理解には、単語力や文法力のほかに、先に触れた「文化背景の知識」も必要なのです。

「ふたつの知識」と「予測力」

それでは、すこし遠回りをしましたが、本書の柱となる「ふたつの知識」について詳しくご説明いたします。

1 「文化背景の知識」と「予測力」

「文化背景の知識」とは、その言葉が発された背景にどんな文化があり、どんな人間関係があるのか、について知っているかということです。それにより、「予測力」が生まれます。

「ドラえもん」も *Peanuts* も子どもの世界が描かれていることに

変わりはありません。でも、「ドラえもん」で笑えるからといって*Peanuts*で笑えないのは、舞台となっている場所もキャラクターの個性も違うからです。笑うためには、キャラクターがやりそうなこと、考えそうなこと、リアクションしそうなこと、を予測する力が必要とされます。

スヌーピーとウッドストックの台詞ゼロの漫画でネイティブスピーカーがニッコリできるのは、彼らの関係をよく知っているからにほかなりません。ルーシーがピアノに寄りかかって練習を邪魔するときシュローダーがどう答えるのかも、ルーシーが支えているフットボールをチャーリー・ブラウンが蹴ろうとしたときに何が起こるのかも、愛読者は予測することができます。

"man's best friend"というワードを見たときに、「古くから犬のことを人間の親友として捉えてきた」という歴史的な背景を知らずして、この言葉を理解することはできません。

背景知識があってこそ、これから何が起きるのかを予測することができ、その予測どおりになったり、予測が裏切られたり、予測がずらされたりすることによって、人は笑うことができるのです。

いま、*Peanuts*を具体的な例として挙げましたが、あなたがネイティブスピーカーと会話するときに、その言葉の文化的、歴史的背景の理解がなければ、会話は浅いものになるでしょう。同じ地域に生まれた人同士の会話であれば、わざわざ意識せずとも、培ってきた話者同士で共有している知識が理解を補い、次の展開を予測することができるかもしれません。しかし、違う知識をバックグラウンドに持つ第二言語では、そうはいきません。文化背景の知識の積み重ねが肝要となるのです。

2 「セットフレーズの知識」と「予測力」

インターネットの検索エンジンを思い浮かべてみてください。そこに「ありがとう」と打ち込んでみます。

「ございます」が続く言葉としてすぐさま予測提示されるのではないでしょうか。これは打ち込まれた文字に対して、完成させる可能性が高い後に続く語の候補を表示してくれているものです。よく使われる言葉のデータをもとに、ソフトウェアは完成される可能性が高いフレーズまでも表示してくれます。「よろしく」と打ち込むと「お願い」、そして「いたします。」と続けてサジェストする、というように。

実は、会話をしているとき、私たちの脳内でも同じ作業が成されています。音や文字を耳や目にすると、あなたの脳は、これまで接してきた膨大な言葉のデータを元に、自動的に後ろに続く言葉を予測しながら、意味のあるまとまりに分節化していきます。この脳機能のおかげで、単なる音や文字の集まりが単語の集まりになり、ひとまとまりのフレーズになり、ようやく文の意味を理解できるようになるのです。

本書では、このようなひとまとまりになって意味をもつフレーズのなかでも特に、個々の単語の意味を汲むだけでは正しい意味を導けないまとまりを、**セットフレーズ**と呼びます。学術上では"lexical clusters"、もしくは"lexical bundles"、"lexical collocations"と呼ばれますが、専門的な呼称を覚える必要はありません。

例えば、**"Better late..."**で文章が始まれば、ネイティブスピーカーの脳内では後に**"than never"**が続くという予測がすぐさま浮かびます。"Better late than never"とは、「遅くなっても行わないよりはましだ」という意味で、待ち合わせに相手が遅れたときや、誕生日から日が経ってからバースデーカードを送るときなどに使うセットフレーズです。

何か目標を達成できなかったと話したときに、友人が**"If at first..."**と返したならば、**"you don't succeed, try and try**

again!” が後に続くとすぐに分かります。これは、「初めての試みで成功しなくとも、何度も挑戦すれば上手くいくよ」という意味で、最初の失敗に落ち込まず挑戦し続けることを応援するセットフレーズです。

実は、日常で接する英会話の大半にこのセットフレーズが使われているのですが、その知識が脳内データに存在しなければ、正しい予測機能が働かず、正しい文意をとることもできないということをお分かりいただけたらと思います。読者の皆さんが、日本語で海外の方と話をするとき、細かいニュアンスが伝わらずに隔靴掻痒とするのもこのためでしょう。

古今東西を問わず、コミックはその文化を色濃く反映しています。***Peanuts*** **の作者であるシュルツ氏は細心の注意を払って、単語やフレーズを選択し、日常的によく使う表現だけを登場人物たちに話させています。**

難語や教養がないと分からない言葉は、ほとんど使われていません。にもかかわらず、その表現は子どもっぽいものでも、スラングでもありません。**英会話では必要不可欠なフレーズだけが書かれているのです。**

これが英語学習者にとって、英語表現を学ぶのに *Peanuts* が最適な理由です。例えば、作品中に出てくる “I can’t help it.”（しかたがない）や “...get to someone”（～がしゃくに障る）のようなセットフレーズは、基本的な熟語で、英語を理解するために不可欠なものです。

これらを *Peanuts* コミックの絵と一緒に覚えれば、思い出すことはより簡単になります。例えば次のコミックをご覧ください。(詳しい解説は 88 ページをご覧ください)

チャーリー・ブラウンが "I'm on to your little game!" というセットフレーズを使っています。この **"be on to"** は「(真相・たくらみなど) をよく知っている、〜はお見通しだ」という意味で使われています。このひとコマさえ覚えれば、例えば以下のような日常の場面で使えます。

I'**m on to** your scheme, so you can't fool me!
(君の狙いは丸見えだ。だまされないぞ！)

I'**m on to** a great bargain in designer handbags!
(デザイナーズ・バッグの掘り出し物を見つけたよ！)

つまり、「ふたつの知識」である「文化背景の知識」と「セットフレーズの知識」を積めば積むほど、会話の「予測力」の速度と正確性が増し、ユーモアを解する力が得られるのです。

セットフレーズについて、もう少し具体的に整理しましょう。セットフレーズにはいくつかの種類があります。

・決まった順序があるセットフレーズ

例えば、日本語ではモノクロ写真のことを「白黒」と表現します。しかし、英語の場合は順序が逆で、"black and white" と表現し、決して "white and black" とはなりません。これらの表現は、ひとつひとつ覚えていくしか学ぶ術はありません。"fish and chips"（フィッシュアンドチップス）は、"chips and fish" にはなりえず、"bride and groom"（日本語では「新郎新婦」）は、"groom and bride" と表現されることはあり得ないのだ、と。

・文章を成すセットフレーズ

先ほど述べた **"If at first you don't succeed, try and try again!"** もそうです。日本語でも「失敗は成功のもと」とよく言いますが、失敗を励ます場面で「成功のもとだね」と言えば、みなまで言わなくてもその意味はたいてい通じますよね。

"You can't judge a book by its cover." は、「外見は必ずしも内面を表すものではない」ということが言いたいときに使うセットフレーズです。ほかにも、「類は友を呼ぶ」と同じ意味の **"Birds of a feather flock together."**、相手を慰めるときに使う **"You can't win them all."**（うまくいかないこともあるもんだよ）などが「文章を成すセットフレーズ」に分類されます。

・比喩的なセットフレーズ

セットフレーズの知識なしに、その単語だけを見て推測するのがほとんど不可能な表現です。例えば、**"spill the beans"** は字義どおりに「豆をこぼす」という意味ではありません。これは、「(秘密などを）漏らす」ときによく使うセットフレーズで、誰にも秘密を漏らさないでほしいときに、**"Don't spill the beans."** のように使います。

何から学びはじめるか

さて、ネイティブスピーカーとのコミュニケーションに欠かせない、この「ふたつの知識」はいずれも無限に存在します。日本語辞書である『広辞苑』は改訂のたびに新語が追加されますが、日本語で考えても分かるように、母語話者であっても、「ふたつの知識」は日々アップデートしていくものです。ひとつひとつ覚えていくもので、一足飛びに身につけられるものでもありません。速く、正確な予測力は一日にしてならず、です。

では、何から学びはじめたら良いのか。

なるべくシンプルで、ネイティブスピーカーが日常生活で使っている頻度の高い知識から身につけてください。つまり、*Peanuts* からはじめることは良い選択です。たのしく、ユーモアもあって、表現にも無駄がありません。

そして、「ふたつの知識」の習得を意識して会話を続けていけば、実際にネイティブスピーカーと心が触れ合う瞬間、楽しさを感じる瞬間を体験することができるでしょう。その瞬間の実感、つまり「成功体験」が得られればしめたもの。あとは、英語に触れるどんな機会もとらえて、ご自分の「ふたつの知識」を積み上げていくことがますます楽しくなってきます。結果、「予測力」に磨きがかかります。

本書での具体的なトレーニング方法については、25ページの「トレーニング・メニュー」を参照してください。

どこまで学ぶのか？
――村上春樹の言葉から

深い理解から楽しい瞬間が生まれるのは、何も直接のコミュニケーションに限った話ではありません。文学作品を愛で、理解する試みも「予測力」を涵養(かんよう)します。自分の好きな作品、好きな一節、好きなフレーズを持つこと、その意味をしっかり考えることの積み重ねが、理解力を上げる。ひいては、ネイティブスピーカーとのコミュニケーションの深度と正確性、そして速度を上げることにつながります。

日本を代表する作家である森鷗外は、彼が残した膨大な著作の3分の1もの量の翻訳書を刊行しました。その森鷗外と同じくらい翻訳を数多く手がけている現代日本の人気小説家は、世界で活躍する村上春樹さんしかいません。その村上さんと翻訳家の柴田元幸さんとの共著に、『本当の翻訳の話をしよう』（スイッチ・パブリッシング）があります。おふたりは本のなかで、英語の小説を翻訳するにあたってのアレコレをとても高いレベルで楽しく述べておられます。

その本の中で、「翻訳講座」のようなことをされている章があります。そこから、日本では一番有名なレイモンド・チャンドラーの『プレイバック』の一節をご紹介します。

チャンドラーの原文は下記のものです。

If I wasn't hard, I wouldn't be alive, If I couldn't ever be gentle, I wouldn't deserve to be alive.

スッと理解できましたでしょうか。日本で人口に膾炙(かいしゃ)している訳語は、「タフでなければ生きていけない。優しくなければ生きている資格がない」というものですが、村上春樹さんと柴田元幸さんは、この翻訳を良しとしません。「hard」という単語には、無情・非情という意味があり、言葉としてネガティブな空気をまとっているから「タフ」とは違う、と。たとえば、"You are a hard man, Mr. Murakami." と言ったら「村上さん、あんたは血も涙もない人だ」みたいな意味だから、もっとネガティブに訳す方が妥当である、と。

それでふたりはそれぞれ次のように訳します。

村上春樹：「厳しい心を持たずに生きのびてはいけない。優しくなれないようなら、生きるに値しない」
柴田元幸：「無情でなければ、いまごろ生きちゃいない。優しくなれなければ、生きている資格がない」

おふたりが、すらすらとこのような翻訳ができるのは、"hard" という何でもないような単語がまとっている語感を体で理解しているからです。物心ついてからずっと英語で小説を読んできた途方もない積み重ね。また、精緻な考察を経ながらの膨大な翻訳作業。それらの経験によって、単語にまつわる歴史も含めて重層的な理解をし、その単語の「文化背景の知識」を持っているのです。

村上春樹さんは、この『本当の翻訳の話をしよう』の「あとがき」の冒頭と末尾の文章で、次のように書いています。

柴田元幸さんと一緒に——あるいはちょくちょくと協力しながら——翻訳の仕事をするようになって、もうずいぶん長い歳月が経過した。35年くらいになるだろうか？英語的なクリシェで言えば、「橋の下を多くの水が流れた」ということになる。

（中略）

これからも我々の橋の下を多くの水が流れ、我々の趣味的作業がより豊かな実を結んでいくことを、心から望んでいる。

文中にある「橋の下を多くの水が流れた」というフレーズは、以下のような、英語のクリシェ（決まり文句）の一つです。

A lot of water has flowed under the bridge since then.

この表現は、「あれからずいぶん時間が経った」というような意味ですが、村上さんの文章からは、それだけではないグルーヴを感じます。つまり、「暇さえあれば、ついつい翻訳をやってしまう」と語る村上さんが、約35年の間に、翻訳した、あるいは読んだ、あまりにも膨大な量の小説のことや、それに関わるあれこれの経験も、a lot of water に含意されているのはないかと読者は感じるのです。

もちろん私たちが、村上さんや柴田さんの領域に到達することはできないし、その必要もないかもしれません。けれど、村上さんでさえ、翻訳作業、ひいては言葉を扱うことは終わりのないもので、多くの水が流れれば流れるほど、つまり言葉に触れれば触れるほど、豊かな実を結ぶだろうことを示唆されています。

語学探求の深奥(しんおう)さは、私自身の人生でまさに実感していることです。初めて日本に来てから50年以上経った今でも、毎日は知らない日本語との出会いにあふれています。終わりのない言葉との格闘のなかで、私が日々心掛けていることについてここで少しご紹介します。

まず、ニュースやドキュメンタリーは日本語でも見るようにしています。今知るべきトピックは何か分かりますし、ニュースやドキュメンタリーで初めて出会う言葉は、これから多用される言葉になる可能性が高いものだからです。繰り返し登場し、「これは大切だ」と思う言葉を見つけたら、辞書を開きます。ぴったりコンテクストにあう意味を探し出して覚えるだけでなく、辞書に掲載されているその単語が持つ意味は一から十まですべて確認することは習慣になっています。耳では何度も聞いたことのある言葉も、辞書で文字を見て、本当の意味を知るといつも新たな発見があります。辞書は宝箱ですね。

もちろん、日本語に限らず英語で知らない単語に出くわすこともあります。そのときは例文をいくつか参照して自分の理解を確認します。さらに、「日本語で言ったらどうなる？」と必ず自分で日本語翻訳を考えて覚えることも習慣化しています。ひとつひとつはそう時間のかかる作業ではないのですが、身に染み付いた毎日の習慣が少しずつ私のなかで知識となって蓄積してゆき、日々新たな世界を見せてくれます。

少し話が大きくなってしまいますが、本書を手に取ってくださっている読者の皆さんのように、テストで良い点数を取るためだけの英語学習ではない、人生によりよい実を結ぶための英語学習、ひいては言葉の鍛錬を続ける文化が、私たちの周りに根付いていけば幸いと願っています。

ぼくたちのスヌーピー

最後に、私自身の *Peanuts* コミックへの思い入れをお話しさせてください。

私がチャールズ・シュルツの創り出した *Peanuts* の世界に夢中になっていた時期のことは、はっきり覚えています。そのときからずっと、*Peanuts* の世界にいるキャラクターたちは、私にとって特別な存在です。キャラクターのなかに、私自身も友人たちも見つけられるような気がしますし、そのストーリーは、現実社会の愉快なところだけではなく、ぐっと奥深いところまで教えてくれます。

半世紀以上前、私がまだ大学２年生のころ、*Peanuts* のキャラクターはとても身近な存在でした。自信がないチャーリー・ブラウン、音楽に情熱を注ぐシュローダー、自己中心的なルーシー、勉強ができないペパーミント パティ、「安心毛布」を手放せないライナス。そして、いつも自分が何者かだと夢想している犬、スヌーピー。彼は、あるときは「第一次世界大戦のエース飛行士」、あるときは書類カバンを持ち歩く弁護士、またあるときには学生寮の周りをうろついている大学生、ジョー・クールになりきります。(実を言うと、私はジョー・クールにもっとも親しみを覚えていました。ジョーは、私がなりたかった人物その人だったのです。)

そのころ *Peanuts* は、デイリー版では4コマの短い漫画を、日曜版ではカラーの長い漫画を、新聞連載していました。同じ寮の友人が日曜版を持ったままラウンジに戻すのを忘れてしまうと、苛立ちを覚えたものでした。当時付き合っていた彼女と *Peanuts* のキャラクターについて書かれた本を贈りあっていたことも覚えています。それに、プレゼントと一緒に渡すバースデーカードには、ほとんどいつもチャーリー・ブラウンかスヌーピー、あるいはウッドストックが描かれ、シュルツが書くような文字で「おめでとう」と記されておりました。

もしあなたがアメリカ人とちょっとした雑談をしたいのであれば、*Peanuts* を話題に挙げてみることも良い案かもしれません。アメリカ人の多くは、私と同じようにスヌーピーたちにあたたかい愛着を抱いているはずです。

James M Vardaman

トレーニング・メニュー

Step 1　黙読する

日本語訳を隠して、コミックの英文テキストを読んでください。

分からない単語があっても、キャラクターの動作から内容を予測してみましょう。ここで、自分が「何が分からないか」を確認することはとても重要です。

次に、分からない部分と日本語訳を照らし合わせて意味を確認しましょう。内容をつかんだら、次のページに進み、「文化背景の知識」と「セットフレーズの知識」の「ふたつの知識」を確認してください。英文テキストを追っていたときに気がつかなかった「セットフレーズの知識」は要チェックです。前後の台詞を確認して、応答方法もあわせて覚えましょう。あらためてコミックページを読むと、初読時につかめなかった面白さが見えてくるはずです。

どうしても分からない表現がある場合は、辞書を使ったり、インターネットを使ったりして調べ、理解してください。

Step 2　目と耳で読む

テキストの意味をすべて理解した上で、朗読音声を聴きながら、目でテキストを追ってください。

朗読音声のスピードはナチュラルスピードです。その速さで聴きながら、同時に理解できるようになるまで聴きこんでください。

耳で聴き取りながら、「セットフレーズの知識」を再度チェックします。どんな場面で使われているのか、そのセットフレーズを言われたらどんな返答ができるか、想像しながらリスニングします。

このトレーニングは、コミュニケーション力の養成にも、リスニング力の養成にも効果的です。ご自分で納得できるまで、何度でも繰り返してください。

Step 3 発話力を鍛える

目と耳で十分にテキストを理解したら、口を使ってトレーニングしましょう。

① シャドーイング

朗読音声を追いかけるように口真似をしてテキストを読んでください。

その際、テキストの意味をすべて理解しながら声に出しましょう。英文のリズムや抑揚まで真似することで伝わる英語の発音が舌の動かし方から身につき、耳で聞こえる英語も意味をもって聴こえてくるようになります。

② 音読

何度も何度もシャドーイングを続けていくと、朗読音声よりも早く読むことができる方が出てくると思います。その段階か、朗読音声と同じスピードでシャドーイングできるようになったら、ご自分だけで音読をしてください。

その際、なるべく朗読音声のようなリズムで音読することを心がけてください。

シャドーイングや音読を繰り返すことは、速読力・文法力・語彙力のすべての実力を底上げできるトレーニングです。だまされたと思って、何度でも繰り返してください。トレーニングは決して裏切りません。

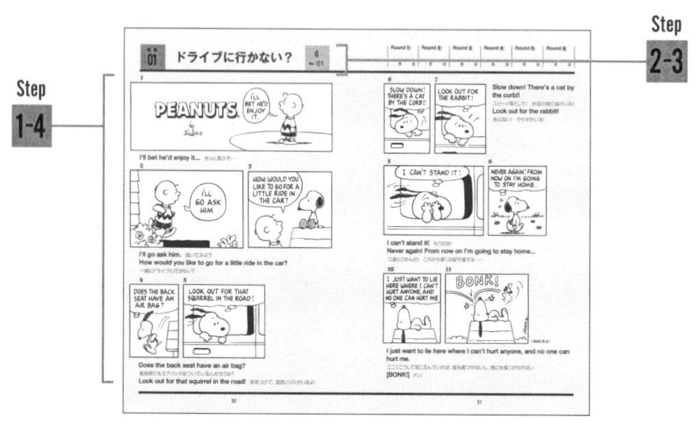

Step 4 暗唱トレーニング

シャドーイングと音読を繰り返したら、暗唱に挑戦しましょう。

ご自分の好きなコミックを選んで、テキストを見ずに暗唱します。但し、2、3周目くらいまでは無理にここまでやる必要はありません。Step 3までのトレーニングが余裕をもってできるようになってから挑戦してみましょう。

Peanuts のキャラクターのひとりになったつもりで実際にコミュニケーションするように暗唱してみましょう。いきなりすべてを暗唱するのが難しい場合は、1センテンスごとに暗唱してみましょう。1センテンスをサッと黙読したら、テキストから顔を上げて、暗唱します。お気に入りのセンテンスだけでも構いません。1センテンスできるようになったら、2センテンス、3センテンス……とだんだん負荷を上げて挑戦してみましょう。

自分が納得いくまで暗唱できるようになったら、今度は感情を込めて実際にネイティブスピーカーに話しかけるようなつもりで行ってください。

Peanuts コミックには実際の現場で使える例文が豊富にそろっています。暗唱を繰り返すことで、実際のコミュニケーションで使えるフレーズが *Peanuts* キャラクターの絵と共に思い浮かぶようになれば、万全です。

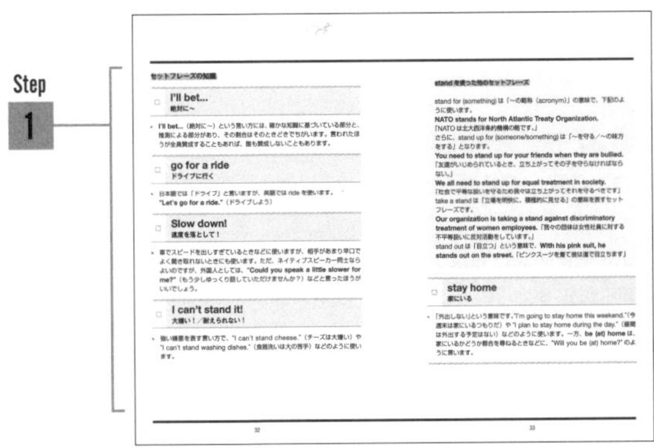
Step 1

セットフレーズの知識

I'll bet...
絶対に〜

・I'll bet...（絶対に〜）という言い方には、確かな知識に基づいている部分と、推測による部分があり、その割合はそのときどきでちがいます。言われたほうが全員賛成することもあれば、誰も賛成しないこともあります。

go for a ride
ドライブに行く

・日本語では「ドライブ」と言いますが、英語では ride を使います。"Let's go for a ride."（ドライブしよう）

Slow down!
速度を落として！

・車でスピードを出しすぎているときなどに使いますが、相手があまり早口でよく聞き取れないときにも使います。ただ、ネイティブスピーカー同士ならよいのですが、外国人としては、"Could you speak a little slower for me?"（もう少しゆっくり話していただけませんか？）などと言ったほうがいいでしょう。

I can't stand it!
大嫌い！／耐えられない！

・強い嫌悪を表す言い方で、"I can't stand cheese."（チーズは大嫌い）や "I can't stand washing dishes."（食器洗いは大の苦手）などのように使います。

32

stand を使った他のセットフレーズ

stand for (something) は「〜の略称（acronym）」の意味で、下記のように使います。
NATO stands for North Atlantic Treaty Organization.
「NATO は北大西洋条約機構の略です。」
さらに、stand up for (someone/something) は「〜を守る／〜の味方をする」となります。
You need to stand up for your friends when they are bullied.
「友達がいじめられているとき、立ち上がってその子を守らなければならない。」
We all need to stand up for equal treatment in society.
「社会で平等な扱いを守るため我々は立ち上がってそれを守るべきです」
take a stand は「立場を明快に、積極的に見せる」の意味を表すセットフレーズです。
Our organization is taking a stand against discriminatory treatment of women employees.「我々の団体は女性社員に対する不平等扱いに反対活動をしています。」
stand out は「目立つ」という意味で、**With his pink suit, he stands out on the street.**「ピンクスーツを着て彼は道で目立ちます」

stay home
家にいる

・「外出しない」という意味です。"I'm going to stay home this weekend."（今週末は家にいるつもりだ）や "I plan to stay home during the day."（昼間は外出する予定はない）などのように使います。一方、**be (at) home** は、家にいるかどうか都合を尋ねるときなどに、"Will you be (at) home?" のように使います。

33

Step 5 進歩の記録

トレーニングの記録をつけましょう。

語学のトレーニングでは、1つのテキストを1回で終わりにしてしまっては非効率です。脳科学的な記憶の定着データを見ても、例えば、同じ60分間学習するならば、1回でやるよりも2回×30分、それよりも4回×15分、と日を分けて繰り返したほうが効率的です。

1回で終えるのではなく、2周、3周、4周と繰り返していきましょう。

また、2周目、3周目となってきたら、ぜひStep 4の暗唱トレーニングに挑戦してみてください。

トレーニングを終えたら、テキスト右上の記入欄に「月日」を記入してください。「シャドーイング◎（シ◎）」「暗唱トレーニング△（暗△）」……など、ご自分で分かるメモを「月日」の上に記入してもいいでしょう。

その記録の積み重ねが、そのままトレーニングを重ねたご自分の自信の源になるはずです。

少しずつでも歩みを止めなければ、必ず大きな成果を得られます。

Step 6 応用トレーニング

本書に載っているものはあくまで「ふたつの知識」の入門編です。「セットフレーズの知識」を深めるためには、例えば本書に載っている「セットフレーズの知識」の類似表現をインターネットで探したり、辞書を引いてみるほか、同じ動詞を使ってほかにどんなセットフレーズを作れるのかネイティブスピーカーに聞いてみる方法もあります。

ご自分の興味のある分野を扱った英文テキストを読みながら、「セットフレーズの知識」をピックアップしてノートに書き留めていくことも知識の蓄積に多いに役立ちます。

また、「文化背景の知識」については、ネイティブスピーカーの暮らしを垣間見ることができる映画やドラマを観ることも大変有効ですし、本書のコミックを話の種に、ネイティブスピーカーと実際の生活について会話するのも良い方法です。今は、スマートフォンのアプリやサービスで簡単にネイティブスピーカーと会話する方法が開かれています。

ぜひ、本書をスタートに「ふたつの知識」を意識しながら実際のコミュニケーション能力を高めていってください。

Chapter 1
社会

社会 01

ドライブに行かない？

file-01

1

I'll bet he'd enjoy it... きっと喜ぶぞ……

3

I'll go ask him. 聞いてみよう

How would you like to go for a little ride in the car?

一緒にドライブに行かない？

4

5

Does the back seat have an air bag?

後部席にもエアバックはついているんだろうな？

Look out for that squirrel in the road! 気をつけて、道路にリスがいるよ！

6

7

Slow down! There's a cat by the curb!!

スピード落として!　歩道の端に猫がいる!!

Look out for the rabbit!

あぶない!　ウサギがいる!

8

9

I can't stand it! もうだめ!

Never again! From now on I'm going to stay home...

二度とごめんだ!　これからぼくは留守番する……

10

11

1992.5.31

I just want to lie here where I can't hurt anyone, and no one can hurt me.

ここにこうして寝ころんでいれば、誰も傷つけないし、誰にも傷つけられない

[BONK!] ドン!

セットフレーズの知識

☐ **I'll bet...**
絶対に〜

▸ **I'll bet...**（絶対に〜）という言い方には、確かな知識に基づいている部分と、推測による部分があり、その割合はそのときどきでちがいます。言われたほうが全員賛成することもあれば、誰も賛成しないこともあります。

☐ **go for a ride**
ドライブに行く

▸ 日本語では「ドライブ」と言いますが、英語では ride を使います。
"Let's go for a ride."（ドライブしよう）

☐ **Slow down!**
速度を落として！

▸ 車でスピードを出しすぎているときなどに使いますが、相手があまり早口でよく聞き取れないときにも使います。ただ、ネイティブスピーカー同士ならよいのですが、外国人としては、**"Could you speak a little slower for me?"**（もう少しゆっくり話していただけませんか？）などと言ったほうがいいでしょう。

☐ **I can't stand it!**
大嫌い！／耐えられない！

▸ 強い嫌悪を表す言い方で、"I can't stand cheese."（チーズは大嫌い）や"I can't stand washing dishes."（食器洗いは大の苦手）などのように使います。

stand を使った他のセットフレーズ

stand for (something) は「～の略称（acronym)」の意味で、下記のように使います。

NATO stands for North Atlantic Treaty Organization.

「NATO は北大西洋条約機構の略です」

さらに、stand up for (someone/something) は「～を守る／～の味方をする」となります。

You need to stand up for your friends when they are bullied.

「友達がいじめられているとき、立ち上がってその子を守らなければならない」

We all need to stand up for equal treatment in society.

「社会で平等な扱いを守るため我々は立ち上がってそれを守るべきです」

take a stand は「立場を明快に、積極的に見せる」の意味を表すセットフレーズです。

Our organization is taking a stand against discriminatory treatment of women employees.

「我々の団体は女性社員に対する不平等扱いに反対活動をしています」

stand out は「目立つ」という意味です。

With his pink suit, he stands out on the street.

「ピンクスーツを着て彼は道で目立ちます」

社会 02

人生はフリーウェイ

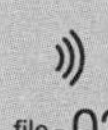

file - 02

1

Well, let me put it this way...

そうねえ、言ってみればこんなことかしら……

2

3

Life, Charlie Brown, is a lot like driving on the freeway...

人生はフリーウェイを車で走ることによく似ているのよ、チャーリー・ブラウン……

Some people love the fast lane...

高速車線を走りたがる人もいるし……

4

Some people can't resist the passing lanes...

追い越し車線を走らずにはいられない人もいれば……

Round 1	Round 2	Round 3	Round 4	Round 5	Round 6
月　日	月　日	月　日	月　日	月　日	月　日

5

Others are content to stay in the slow lane...

平気で遅い車線を走っている人もいる……

6

On the freeway of life, Charlie Brown, where are you driving?

チャーリー·ブラウン、あなたは人生のフリーウェイのどこを走っている?

7

I think I missed the exit about ten miles back...

10マイル手前の出口を見落としたみたい……

1990.1.28

セットフレーズの知識

□ **Let me put it this way.**
言い換えるね

▸ たとえ話をしたり、婉曲的な表現をしようとするときに使う前置きの表現です。つまりここでルーシーは「人生」を別のものにたとえて語ろうとしているわけです。

□ **some people can't resist...**
〜なしではいられない人もいる

▸ 例えば "Some people can't resist chocolate."（チョコレートに目のない人がいる）や、"I can't resist beer on a hot day."（暑い日にはビールを飲まずにはいられない）というような使い方をします。

文化背景の知識

車社会と文化

NO U TURN（U ターン禁止）の標識は日本人が見てもすぐに意味が分かるでしょうが、知らないとまごつくかもしれない標識もあります。いくつか紹介すると、**YIELD** は「ゆずれ」という意味で、交差する道路のほうが優先道路であることを示しています。一時停止する必要はありませんが、徐行して安全を確認する義務があります。RRX は **railroad crossing**、「踏切あり」です。PED XING は **pedestrian crossing** で、歩行者が横断している、「横断歩道あり」、**DETOUR** は「迂回せよ」です。これらの言葉はふだんの会話にも出てきます。アメリカ人は人生を車の旅にたとえることが多いからで、ここでもルーシーとチャーリー・ブラウンがまさにそれをしています。

アメリカは車社会なので、車や、道路を使ったメタファーが数多く生まれました。“**Life is a lot like driving on the freeway.**”もその一つです。フリーウェイには信号がなく、複数の車線があるため、自分で道を選択し、自分のペースで走ることができる一方で、次々に出口や分岐路が現れてドライバーに決断を迫るという点で、人生にたとえられます。

“**the fast lane**”は、仕事にも遊びにも精力的な闘争心に満ちた生き方を指します。逆にゆっくりしたペースで生活することを**the slow lane**といいます。the fast laneに似た表現で、夜まで働いたり勉強することを**burn the midnight oil**（ランプを夜遅くまで使う）があります。**burning the candle at both ends**（ろうそくの両側に火をつけている）というと「必死にやる」という意味になります。

“**the passing lane**”が示すのは、前の車よりもっと速く走ろうと追い越すように、何ごとによらず常に**get ahead**（人の前に立つ）しようとする人です。いつも勝ちを狙っている野心家です。

一方、日本語では「走行車線」になりますが、遅い車のための車線ということで、ゆったりした、人と競わない、質素な生活を**life in the slow lane**と表現します。

社会
03

『ボールのおさえかた』

file-03

1

Charlie Brownnn!
チャーリー・ブラウン!

2

3

Congratulate me! You have just nominated me "most stupid kid of the year." うれしいね! きみのおかげでぼくは"今年一番お馬鹿な子"にノミネートだ

I'll hold the ball, Charlie Brown, and you come running up and kick it... わたしがボールをおさえていてあげるから、走ってきて蹴りなさいよ……

4

5

But look, Charlie Brown... I've been reading this book about holding the ball... だけど、チャーリー・ブラウン…… わたし今、この『ボールのおさえかた』っていう本を読んでいたのよ……

See? It tells how to hold it for the kickoff, for field goals and for extra points... いい? キックオフのとき、フィールドゴールのとき、そしてエクストラポイントのときって、それぞれやり方がちがうんですって……

Round 1	Round 2	Round 3	Round 4	Round 5	Round 6
月　日	月　日	月　日	月　日	月　日	月　日

6

7

If someone is reading a book about something, I guess you have to trust her...

本を読んだというなら、信用するしかないな……

This year I'm gonna kick that ball all the way to Omaha!

今年こそあのボールをオマハまで飛ばすぞ!

8

9

[AAUGH!]

わあぁ!

[WHAM!]

どさっ!

10

I wrote the book, Charlie Brown!

この本、わたしが書いたのよ、チャーリー・ブラウン!

1991.9.29

セットフレーズの知識

□ **Congratulate me!**
祝ってくれよ！

▸ "Congratulate me!" はちょっと変わった言い方です。ふつうは相手に向かって **"Congratulations (to you)!"** と言います。あるいは **"Congratulations on your promotion!"**（昇進おめでとう！）のように、あとに **on...**（your marriage や your new born child など）をつけて特定のできごとに対するお祝いの言葉にします。あるいは on のあとに動詞句をつけて "Congratulations on getting into Harvard!"（ハーバード大学入学おめでとう！）のようにもできます。
ここではチャーリー・ブラウンは自分にお祝いを言ってほしいと皮肉で言っています。皮肉でなく、何か自分にいいことがあったときや、自分のしたことを自慢したいときなどにも、こう言うことができます。

□ **That was a stupid thing to do.**
つまらないことをしてしまったね

▸ stupid（愚かな）という言葉は、自分に対してだけでなく人を指して使ってもそれほど差し障りはありません。それも **"That was a stupid thing to do."**（つまらないことをしてしまったね）のような一歩ひいた表現にすればもっと安全です。一方、fool はもっと強い響きの言葉なので注意が必要です。**"You fool!"**（馬鹿野郎）などと言ったら、ほとんど喧嘩腰です。言うにしてもせいぜい **"That was a foolish thing to do."**（馬鹿なことをしたね）ぐらいでしょう。

Column 7 アメリカの都市名を使った言いまわし

ネブラスカ州のオマハ市は「アメリカの真ん中の町」と言われていて、どこかの町の名をたとえに使うときによく引き合いに出されます。
アメリカの都市名や地域名には、特徴的なイメージを持たれている場所があります。例えば、何かの分野で有能で、賢く抜け目の無い人のことを、**"She's as sharp as a Philadelphia lawyer."**（彼女はフィラデルフィアの弁護士のように賢い）のように言い表すことがあります。**'Philadelphia lawyer'** とはすご腕の弁護士のことです。
他にも、素早く即座に行動することを示したいときには **"in a New York minute"** と言います。ニューヨークは何もかも速く動くからです。例えば、**"Would you accept a job offer at that company?"**（あの会社の仕事を受けますか?）**"In a New York minute."**（はい、すぐに）というように使います。

Column 7 "弱化"した単語

gonna は going to がくだけた発音で"弱化"したものです。同じような例はたくさんあります。一部を紹介すると、of が a になって、a cup of coffee が **a cup a' coffee** に、kind of が **kinda** になります。-ld のあとの have はしばしば ah になって、should have が **shouldah**、could have が **couldah** と発音されます。b、d、g のあとの y が j に変化して、did you が **didju**（**didja**）に、could you が **couldju**（**couldja**）になり、t、p、k のあとは y が ch になって、can't you が **canchu**、won't you が **wonchu** と聞こえます。
次の弱形の元の語が分かりますか？ **'cuz、'bout、'cept、sorta、dunno、c'mon**
――順に because、about、except、sort of（ちょっと）、don't know、come on です。

おいしい話にはウラがある？

file-04

1

2

There's a store up the street where they'll pierce your ears for nothing.

この先のお店で、ただで耳にピアスしてくれるのよ

All we have to do is buy a pair of earrings.

イヤリングを1組買うだけでいいの

Let's just hope they know how to sterilize their equipment...

器具をきちんと消毒してくれてたらありがたいと思わないとね……

3

4

1974.6.1

Maybe all you'll get is a mild cellulitis infection...
A penicillin shot would take care of that...

ふたりとも軽い小胞炎ぐらいかかるでしょうね……　それならペニシリンの注射で治るわね……

Now, hepatitis... That's something else again...

肝炎となると……　話はぜんぜんちがって……

A PENICILLIN SHOT?!

ペニシリンの注射?!

Round 1	Round 2	Round 3	Round 4	Round 5	Round 6
月　日	月　日	月　日	月　日	月　日	月　日

セットフレーズの知識

☐ **pierce one's ears**　**～のピアスを開ける**

▸ 穴を開けてもらうときは **get one's ears pierced** と言います。get one's hair cut（髪を切る）と同じ言い方です。

☐ **Let's just hope...**　**～とだけ願っておこう**

▸ たいした期待は抱いていないことを表わします。"Let's just hope they remember your name."（名前をおぼえていてくれたら上出来だと思わないと）

☐ **That's something else again.**　**それは全く別のことだよ**

▸ 問題の性質が大きく異なるという意味で、事態が急に、あるいは意外な方向へ変化したときなどに使います。

文化背景の知識

方角の文化背景

英語で道を尋ねると、よく "up the street/down the street" のような答えが返ってきて、いったいどっちなのだろうと思ってしまうかもしれません。道路が坂道になっていれば、どちらが up でどちらが down なのかは考えるまでもありませんが、道が平らでも同じ表現が使われることがあるのです。まず心理的に「上下」の方向がある場合があって、例えばマンハッタンでは北が uptown なので、そちら側が up the street と表現されます。日本語で「上京」と言うのと同じで、イギリスでは首都に向かうことを going up と言って、たとえロンドンが南にあってもそれは変わりません。
アメリカ英語の方角を示す表現には、他に歴史を反映したこんな言い方があります。out west、back east ――東から西へと広がっていった国だからです。同じく、北部からみて「南部」は down south。南部からみて「北部」は up north。これはアメリカ文化の常識です。

社会
05
おばあちゃん、ごめんなさい

file-05

1 2

Hello, Gramma? I just called to apologize... You were right... I should have written my "thank you" note sooner...

もしもし、おばあちゃん？　おわびを言おうと思って電話したの……　おばあちゃんの言うとおりだわ……　もっと早くお礼のカードを書くべきだった……

You were right... Yes, you taught me a valuable lesson... Thank you, Gramma...

ほんとよね……　ええ、とても勉強になったわ……　ありがとう、おばあちゃん……

3

1990.2.8

It's easy to apologize to an answering machine.

留守番電話にあやまるのって楽ちん

Round 1	Round 2	Round 3	Round 4	Round 5	Round 6
月　日	月　日	月　日	月　日	月　日	月　日

文化背景の知識

謝罪の方法

もしおばあちゃんと直接会って話をするのだったら、彼女は "I want to apologize." と言ったでしょう。謝罪の仕方は複雑で、軽い過失ならひと言あやまれば足りますが、深刻な失敗の場合は次の 4 段階で謝罪します。

1 謝罪の言葉を述べる
2 犯してしまった過失に関して述べ、その理由を説明して、責任が自分にあることを確認する
3 同じ過ちを繰り返さないことを約束する
4 なんらかの形で埋め合わせをすることを申し出る

日本人には過ちを犯した理由を述べるということが「言い訳」に感じられてしまって、不快に思ったり、言わずにすませたりする傾向がありますが、しっかりと発想の転換をはかる必要があります。すべての場合に共通しているのは、何を悪いと思っているかを明確に述べることで、ここでは「もっと早くお礼のカードを書くべきだった」がそれにあたります。

Column 1 お礼の気持ち

アメリカでは両親や祖父母が子どもたちに **a thank-you note** を書くことを教えます。プレゼントをもらったりパーティに呼んでもらったりしたときに書くお礼の短い手紙です。少し前の世代までは、これがきちんとできるかどうかは育ちの良し悪しの問題だと思われていました。最近ではこの習慣もすたれ気味ですが、子どもたちになんとか実行させようとする親は今もたくさんいます。

社会 06
つよいカードを持ってるよ

file-06

1

Ask him yourself... 自分で頼みなさいよ……

2

3

No, Rerun! No! だめだよ、リラン! だめ!
But why not? でも、なんで?

4

5

You can't be on the team because you're too young and too little! きみはまだ歳も足りないし、体も小さすぎてチームに入れるわけにはいかないんだ!
That's discrimination! そんなの差別だよ!

6

7

Maybe so, but I can't help it... そうかもしれない。でもぼくにはどうしようもないよ……

Then how about this? じゃあ、これならどう?

How about what? これって?

I have a court order signed by my attorney that says you have to let me play!

裁判所の命令だよ、ぼくの弁護士が署名している。ぼくにプレーさせろと書いてあるよ!

8

9

A court order?

裁判所の命令?

I'm going out to center field!

ぼく、センターをやるよ!

I wonder where he got a court order...

裁判所の命令なんて、どこで手に入れたんだ?

10

Mom always wanted me to be an attorney...

ママはぼくをずっと弁護士にしたがっていたんだ……

1997.8.24

セットフレーズの知識

□ **Ask him yourself.**
自分で頼みなさいよ

▸ 「自分をあてにするな」ということでルーシーはリランに “Ask him yourself.” と言います。**“Help yourself.”** だと「自由にどうぞ」ですが、そこには「遠慮しないでください」という丁重な気持ちがこもっています。日本では勧められてもはじめは断り、3回目ぐらいでようやく受け取るのが礼儀正しいとされることがありますが、アメリカでは人に何かを3回も勧めたりしたら、逆に押しつけがましいとされてしまいます。代わりに、勧められるのを待たずにいつでも好きなだけどうぞ、という意味で **“Help yourself.”** と言います。例えば、バイキング式に料理が並ぶパーティ会場などで使われます。

□ **I can't help it.**
しかたがない

▸ 「自分にできることは何もない」ということで、**“It can't be helped.”** と並んで日本語の「しかたがない」にぴったりの表現です。

□ **How about this?**
これはどう?

▸ 何かを提案したり、申し出るときの前置きの言葉です。あるいは “How about a cup of coffee?”（コーヒーでも飲まない?）や “How about having a break?”（ちょっと一休みしない?）のような使い方をします。

Column 7 誤解しやすい単語 sign

sign という言葉も多くの日本人が誤解して使っているようです。「署名する」というときに write a sign や do a sign とは言いません。名詞の sign は「合図、記号」という意味です。動詞として **"Where should I sign?"（どこに署名するのですか？）** のように使うことはあります。あるいは signature という言葉を使って、**"Could you write your signature here, please?" "Please sign here."（この書類のここに署名していただけますか？）** と言います。
有名人からもらう「サイン」は **autograph** です。**"May I ask you for your autograph?"（サインしてもらえます？）** のように使います。

文化背景の知識

アメリカの裁判

今日の社会で問題になる discrimination（差別）というと性別や肌の色、学歴などによるものが多いでしょう。日本でもアメリカでも PC（political correctness 社会的な摩擦を生まない言葉遣いや態度）が求められています。

lawyer（弁護士、アメリカでは attorney とも言います）が活躍してさまざまな「権利」の獲得合戦をするという状況が、今日のアメリカではますます進んできているようです。裁判所から裁判の当事者に命じられるのが court order（裁判所の命令）です。

社会 07

ふたりでパリに逃げようよ

file-07

1

I'm tired of all this kindergarten stuff...

幼稚園でやることなんかもうあきあきよ……

Why don't we run away to Paris?

ふたりでパリに逃げようか

2

If we got on a plane at midnight, we could be in Paris tomorrow...

夜中の飛行機に乗れば、明日にはパリだ……

3

Do you have any money?

お金あるの?

I have fifty cents... Maybe we could get upgraded to business class.

50セントある……　これだけあればビジネスクラスで行けるかもしれない

1997.1.13

Round 1	Round 2	Round 3	Round 4	Round 5	Round 6
月　日	月　日	月　日	月　日	月　日	月　日

4

Yes, sir, Mr. Principal... Who? The little girl with the braids? Sure, we're in the same kindergarten class...

はい、校長先生……　誰ですか？　三つ編みの女の子？
はい、幼稚園で同じクラスです……

5　6　7

Did I ask her to go to Paris? パリに行こうと誘ったか？
Well, sure, but that was just a joke...
ええ、そう言いましたけど、あれはただの冗談で……
I mean how... それがどうかしましたか？

8

HARASSMENT?!!
ハラスメント?!!

1997.1.16

□ I mean...
つまり～

▸ **I mean...** は、今自分が言ったことを説明しようとするときの言葉で、**What I mean is...**（わたしが言いたかったのは～）という表現を縮めたものです。もちろんリランは “I mean, how could two kindergarteners travel to Paris on 50 cents?”（ですから、幼稚園に行っている子どもがふたり、50 セントでパリに行けるわけがないでしょう？）と言いたかったのですが、先生にさえぎられてしまいます。そして harassment の可能性があると言われてびっくりします。残念なことにアメリカ人は言葉遣いにあまりに神経質になってしまっています。

Column 4 いろいろな髪形

三つ編みをしていることを言うのに、いろいろ言い方があります。

【例】She wears braids.
She ties her hair in braids.
She braids her hair.

髪形には、他に pigtails（おさげ）、ponytail（ポニーテイル）、bangs（まっすぐに切りそろえた前髪）などがあります。

女の子の髪形では他にも、buns（おだんご）、pixie cut（ベリーショート）があります。

男の子では、日本では自衛隊員や高校球児がしているような、とても短く刈りそろえた髪形を buzz cut あるいは crew cut と言います。side burns とはもみあげを切らずに残した髪形のことです。

文化背景の知識

ハラスメントの考え方

自分の言動で他の人がどう感じるかを行動する前に考えるように、学校の先生も、この *Peanuts* コミックスも子どもたちに教えています。彼らがよく使う言葉は、**"How would you feel if someone said that to you?"（もし同じことを自分が言われたらどう感じる？）**です。これは、何気ない一言や軽率な行動が、相手を刺激したり傷つけたりする可能性があることを、子どもに理解させるための表現です。この場面では、「ハラスメント」という言葉は子どもであるリランに伝えるには強すぎる言葉ですね。

大人も、相手がどう受け止めるか思いを馳せることなく何かを言ってしまうものです。コミュニケーションにはふたつの側面があり、"harass"（嫌がらせをする）つもりが無かったとしても、相手はその発言によって攻撃された、脅かされた、あるいはハラスメントを受けたと感じるかもしれません。何気なく言ったつもりの、相手の容姿についてのコメントや、相手の仕事についての批判、あるいは性的な隠喩は、ハラスメントだと捉えられかねません。そして、ハラスメントはアメリカでももちろん深刻な問題だと考えられています。

社会 08

なんで吠えたんだい？

file-08

1

Yes, ma'am, I heard him, too. はい、ぼくにも聞こえていました

2

Well, I'm going out there now to find out... Yes, thank you.
じゃあ、今から外に行ってようすを見てみます……　はい、それじゃ

3

4

Our neighbors want to know why you were barking so much last night...
近所の人から、ゆうべはどうしてあんなに吠えていたのかと聞かれたよ……
Did you see a burglar? Were you hungry?
泥棒でもいたのかい？　お腹が空いてた？

5

Maybe you were lonely...

さびしかったのかもしれないな……

6

7

Then again, maybe you were barking just for the sake of barking...

でも待てよ、もしかしてただ吠えたいから吠えていたんじゃないかな……

I knew it! そうに決まってる!

8

He would have made a good dog...

彼も犬だったらなかなかのものだろうに……

1992.8.23

□ find out...

～を見つける

▸ **find out** の対象となるのは、電話番号、数字、名前など形をもたないものです。人や電話帳、名前を書いた紙などの目に見える形で存在するものを見つけたときには、単に find と言います。この区別が日本人には苦手なようです。"I can't find my glasses."（めがねが見つからない）と "I can't find out where my glasses are."（めがねがどこにあるのか分からない）のちがいは、前者が「めがね」そのものを指しているのに対し、後者は「めがねのありか」という情報を指していることです。

□ just ... for the sake of ...ing

ただ～するために～する

▸ スヌーピーが吠えていた理由をチャーリー・ブラウンは一生懸命考えますが、結局なんの理由もなかったという結論に達します。ただ吠えたいから吠えていたのだと。会議などでよくお目にかかるのが a person who seem to just talk for the sake of talking（発言したいから発言する人）です。また世の中には a person who works for the sake of working（働きたいから働く、報酬や人の評価は眼中にない）という人もいます。

□ He would have made a good dog.
= He would make a good dog.

彼はいい犬になったにちがいない

▸ この場合、チャーリー・ブラウンが人間ではなかったら、いい犬に「なっていたかも」という意味です。make a good... はあることをするのに適した経験や才能や性格を持っているという意味で、"He would make a good dog." と言い換えることができます。例えば香港で何年間か働いた経験のある人は、**"He/She makes a good guide."**（ガイド役として適任）となります。ガイドを職業としているという意味ではなく、その役割を上手にこなせるということです。

Column 4 犯罪にまつわることば

burglar とはこっそり人の家に入りこんでものを盗む犯罪者のことで、その行為は burglary と言います。robber は相手を脅して金品を奪う人物のことで、そのような犯罪は robbery です。burglar には気づかないことがありますが、robbery とは直接対面するはめになります。犯罪を表す言葉には他に thief（泥棒）、arson(ist)（放火、放火犯）、hijacker（ハイジャック犯）、carjacker（カージャック犯）、scam ／ fraud（詐欺）、counterfeiter（偽造者）、pickpocket（スリ）、shoplift(ing, -er)（万引き、万引き犯）、a con (confidence) man（詐欺師）があります。

文化背景の知識

お隣さんとの付き合い方

アメリカでも、「お隣さん」の関係には神経を使います。一般的には、お隣さんを見かけたら挨拶し、天気の話をして、共通の話題について１分ほど話をします。自分の家の敷地内では何をしようが勝手ですが、隣人や近所の人を不快にさせるようなことはしないように、ペットを飼っている場合はペットが誰かの気に障ることをしないように気をつけます。フェンスの種類や植える木の種類、庭に置く装飾品などについて、ルールが決まっている地域もあります。

昨今では、政治の問題もあります。選挙のときに、隣人がある候補者を支持する看板を庭に出し、その隣人が対立候補を支持する看板を出すことがあります。そうすると、近隣が支持政党によってグループ分けされがちです。しかし、たいていの慎重な隣人は、政治の議論を避け、自分たちが同じ意見を持っている、あるいは論争にならないような話題にこだわります。

社会 09

裁判長、わたくしが申しあげたいのは…

file-09

1

2

What I'm trying to say, Your Honor, is that my client was severely wronged by Mr. McGregor.

裁判長、わたくしが申しあげたいのは、わたくしの依頼人はミスター・マグレガーから甚大なる被害を受けたということです

When Mr. McGregor chased my client, this innocent little bunny,※ with a rake, he caused him great emotional distress...

わたくしの依頼人、このかわいいウサギちゃんは、熊手を持ったミスター・マグレガーに追いかけられて甚大なる精神的苦痛をこうむったのです……

※ **bunny**…rabbit（ウサギ）を可愛く表現した言い方。犬を doggy、猫を kitty と言うのと同じニュアンス。

3

SNIF

SNIF

4

1995.8.2

Snif. ぐすっ　**Snif.** ぐすっ

Your Honor, may we have a ten minute recess?

裁判長、10分間の休廷をお願いできますか?

Round 1	Round 2	Round 3	Round 4	Round 5	Round 6
月　日	月　日	月　日	月　日	月　日	月　日

セットフレーズの知識

□ **What I'm trying to say is...**　**言いたかったのはつまり～ということです**

▸ 説明が長くなってしまったり、同じことを繰り返し言ってしまっているのに気づいたとき、こう言って要約します。同じように、**To make a long story short, ...** または **In short, ...** も要約の前に使えます。こちらの説明が混乱していると、相手が **"What are you trying to say?"** と尋ねるでしょう。「あなたの話の要点は何なのか」と。

□ **be wronged by...**　**～にひどい目にあわされる**

▸ be wronged by は、ブルースかカントリーアンドウェスタンの歌詞のような言い方で、ふつうは **do someone wrong** と言います。

【例】She done me wrong.
　　あの子につらい目にあわされた。

Column 4　法廷で使うことば

必ず裁判官に呼びかけるときは **"Your Honor"** と言います。さらに、弁護士同士は互いに **my learned friend**（わが博識なる友）、**my distinguished colleague**（わが優秀な同僚）などと呼び合う習慣があります。アメリカの公廷では、裁判官、弁護士は相手に反論しても、相手の立場を互いに立てます。たまに、その「謙虚さ」がちょっと皮肉的に感じられますが。

最近日本語でも取引先のことを「クライアント」という言い方をしますが、本来 client は **professional** と呼ばれる人たち、つまり弁護士、建築家、株式仲買人などに仕事を依頼する人を指すもったいぶった言葉です。同じ professional でもお医者さんは patient（患者）と言い、大学教授は student（学生）と言います。店員やウェイターにとっては customer であり、ホテルの従業員には guest です。colleague はこれらの professional と呼ばれる職種の人たちの「同僚」で、それ以外の人たちは co-worker と言います。単なる習慣の問題ですが、習慣にはずれた言い方は奇妙に聞こえるのも事実です。

スヌーピーは、法律で「ストレス」や「悩み」を表現する **"emotional distress"**（精神的苦痛）という言葉を使って **recess**（休廷）を要望しています。これは、弁護士が適切な理由でお願いできるし、裁判官が設定することもできます。

わかってるの？

file-10

1 2

Each family has a chain of command, and do you know who's the lowest on that chain? Guess!

家にはそれぞれ指揮系統というものがあるのだけれど、その中で一番下は誰だと思う？当然分かるでしょう？

It's the dog! The dog is the lowest! Do you understand that?

犬よ！ 犬が一番下なの！ 分かる？

3

1990.2.9

I said, do you understand that?

分かるかって言ってるの

They hate it when you just stare at 'em like this...

こんなふうにじっと見つめるといやがるんだよな……

Round 1	Round 2	Round 3	Round 4	Round 5	Round 6
月　日	月　日	月　日	月　日	月　日	月　日

セットフレーズの知識

☐ **Guess!**　**当ててみて！**

▸「当ててみて！」は命令文ですが、スヌーピーに何かしろと言っているのではありません。「当然だ」ということを強調するための表現です。

☐ **I said, do you understand that?**　**だから、分かったの？**

▸ 最初の２語は、自分の質問に相手がまだ答えていないことを強く訴えるための言い方です。

文化背景の知識

軍隊のことば

chain of command（指揮系統）は本来軍隊で使われる言葉で、軍隊では上官の命令は絶対です。会社で使われることもあるでしょうが、家庭に持ちこむとなるとはじめから笑えます。サリーが言うのは人間のことだと読者は思うでしょう。両親がトップで、次が年長の子ども、一番下が末っ子、つまりサリーです。しかし彼女はその下にスヌーピーを加えて one-upmanship（ひとつ上を行くこと）をねらったのです。

Column 3 視線のマナー

多くの文化圏で子どもたちは「人をじろじろ見るのは失礼だ」と教えられます。アメリカも例外ではありません。**stare at** は **look at** とはちがい、より無礼なふるまいです。犬なら人をじっと見つめても不思議はなく、スヌーピーの態度も自然なもののはずですが、彼は人間と同じようにものを考えていて、そんなふうにふるまうことで「サリーの言っていることがおかしい」と主張しています。

社会
11

お返事です、将軍

1

He wants us?! ぼくたちに用だって？

2

3

4

Patriot Snoopy and Patriot Woodstock reporting, Sir...
愛国者スヌーピーおよび愛国者ウッドストックにどんなご用でしょうか？
Yes, Sir... We can do that... はい…… できます……
General Washington wants us to deliver this message to Thomas Paine... ワシントン将軍が、ぼくたちにこの手紙をトマス・ペインに届けるようお命じになった……

5

6

"Dear Friend, I am concerned of your welfare... Are you well? Tell me your thoughts." "友よ、どうしているかと案じている。元気なのか？ 便りをくれたまえ"
Mr. Paine, A message from the general... Do you have a response?
ミスター・ペイン、将軍からお手紙です…… お返事を書かれますか？

Round 1	Round 2	Round 3	Round 4	Round 5	Round 6
月　日	月　日	月　日	月　日	月　日	月　日

7

8

9

"These are the times that try men's souls."

"今はわれわれの魂の試練の時なのだ"

That's too depressing...

ちょっと暗すぎるな……

I'll change it a little...

少し変えてみよう……

10

11

12

1999.8.1

Here you are, Sir...

お返事です、将軍……

See? My message made him feel better...

ほらね?　返事を読んで元気になられた……

I said, "No problem... Have a nice day."

こう書いといたんだ、"万事順調……　ごきげんよう"って

セットフレーズの知識

□ That's depressing
参ったね

▸ 職場や友人同士の間で、「こういう状況はうれしくないね」という意味でよく使われます。自分ひとりのことなら **"I'm depressed."** です。くれぐれも "I'm depressing." と言わないように気をつけてください。これでは「人にいやな思いをさせている」という意味になってしまいます。

Column 2 Sirの使われ方に変化

近年まで、軍隊では、男性の上官に対して Sir、女性の上官に対して Ma'am を使う決まりがありました。しかし、性別で呼称を変えることが疑問視され、それを廃止する動きがあります。代わりに、上官の rank（地位）や役名で返事するようになっています。
しかし、レストランの店員や、ホテルの従業員が客を呼ぶ場面では sir, ma'am はまだ残っています。目上の人や、客など、尊敬を示す表現です。ちなみに、日本語には相当するものはありません。

文化背景の知識

アメリカ独立戦争

スヌーピーとウッドストックは**アメリカ独立戦争の時代**に来ています。アメリカ側の司令官ジョージ・ワシントンは、配下の部隊をペンシルヴァニア州ヴァレー・フォージで越冬させました。アメリカ人なら誰でもこの絵を見てヴァレー・フォージの冬の野営の場面だと分かります。アメリカ史を彩る名場面のひとつです。軍隊では上官の前に出た兵士はまず敬礼し、次に階級、氏名の順に名乗ります。それでスヌーピーは private（二等兵）や sergeant（軍曹）と言う代わりに patriot（愛国者）を使っているのです。**reporting** は「命令により出頭しました」あるいは「ご命令をうけたま

わります」という意味です。

Thomas Paine（**トマス・ペイン**）は独立戦争当時の愛国者です。感動的な文章をいくつも書いて、アメリカ人にイギリスからの独立を呼びかけました。**"These are the times that try men's souls."** は彼の有名な言葉ですが、今では困ったときに軽く使います。

ワシントンの手紙 "I am concerned of your welfare." は古い文体で書かれています。今なら **about your welfare** と言うでしょう。welfare は今ではもっぱら「福祉」の意味で使われますが、ここでは「心身の健康状態」を指しています。日常会話で同じことを言うなら、**I'm worried about your health.** となるでしょう。

スヌーピーが書き替えた手紙は、21 世紀のアメリカで非常によく使われている表現ふたつでできています。**"No problem."** も **"Have a nice day."** も両方とも実に陳腐な言葉ですが、それだけに広く使われています。"No problem." は「どういたしまして」という意味で使われることもありますが、ここでは「ご心配なく」です。そしてお店を出るときにかけられる言葉が "Have a nice day." です。この言葉が嫌いだというアメリカ人が多いのですが――手あかにまみれたような表現で真心が感じられないからです――今も使われ続けています。言われたほうは **"Thanks, same to you."**（**どうも**）とでも答えておけばいいでしょう。

社会 12

後悔といえば…

file-12

1

Curse you, Red Baron!

くたばれ、レッド・バロン!

2

3

Here's the World War I Flying Ace returning to the aerodrome... He is exhausted...

第一次世界大戦の撃墜王が飛行場に戻るところ…… 彼は疲れ切っている……

Ah! He sees a light in the small French café...

おお! 彼は小さなフレンチ・カフェの灯に気づいた……

Round 1	Round 2	Round 3	Round 4	Round 5	Round 6
月　日	月　日	月　日	月　日	月　日	月　日

4

5

Hello, Charles? Your dog just came into our house...

もしもし、チャールズ?　今、あなたのところの犬がうちに入ってきたんだけど……

6

7

Yes, he had one root beer, and feel asleep at the table...

ええ、ルートビアを1杯飲んで、テーブルの前で眠ってしまったわ……

"IT'S A LONG WAY TO TIPPERARY..."※

"はるかなるティペレアリー"……

※ **It's a long way to Tipperary**…この（第一世界大戦の）時代の流行歌。

8

9

Well! I'm glad to see you're back...

やあ!　お帰り……

You look sad... Someday the war will be over... But you'll have terrible memories, won't you? And maybe even some regrets.

悲しそうだね……　いつか戦争も終わるだろうけれどね……　でも、きみには恐ろしい思い出がいろいろあるんだろうね?　それと、少しは後悔していることも

10

I regret I only drank one root beer...

ルートビアを1杯しか飲まなかったのは失敗だった……

1995.4.30

セットフレーズの知識

□ Curse you!
この野郎！

▸ 日常的にもっとよく使われるのは **"Damn you!"** ですが、ここではもう少し穏便な表現が使われています。怒りを表現する言葉には程度があり、"Damn!" "Hell!" を平気で使う人もいますが、真似をしないほうがいいでしょう。

□ be exhausted
疲れ切った

▸ これは be tired よりももっとずっと疲れてしまったときの言い方です。同じような意味の表現に **be worn out**、**be pooped**、**be half-dead** などがあります。

□ I regret...
〜を後悔している

▸ チャーリー・ブラウンは深刻なことで後悔しているのですが、スヌーピーはごく単純なことを後悔しています。後悔には肯定・否定の両方があります。

【例】I regret giving her my phone number.
彼女に電話番号を教えてしまったのは失敗だった。
I regret not giving her my phone number.
彼女に電話番号を教えなかったのは失敗だった。
（彼女に電話番号を教えればよかった。）

手紙などでよくない知らせをするときには、前置きとして **I/We regret to inform you that...** と書かれることがあります。

思いどおりの人生を歩んだ人は最後にこう言うことができます。**"I have no regrets."**（思い残すことは何もない）

社会
13

著者アンケートにお答えください

file - 13

1

Hmm...

ふむ……

2

Author Questionnaire; These questions are designed to prepare the media with information.

著者アンケート；以下の質問は各メディアに提供するデータを用意するためのものです

3

Author's name ***Snoopy***

氏名　*スヌーピー*

Residence ***Just a doghouse.***

住所　*ただの犬小屋*

Phone ***unlisted***

電話番号　*公表せず*

4

Birth *See records at Daisy Hill Puppy Farm.*
Citizenship *Papers misplaced. These things happen.*

出生　デイジーヒル子犬園の記録参照
市民権　書類を紛失。よくあることさ

5

Reason for writing Book *I wrote from a sense of need. I needed something to do. You can't just sleep all day long.*

著作の理由　書く必要があるから書いた。何かすることが必要だった。1日中寝ているわけにはいかないから

6

I was one of eight Beagles. We had a happy life. Lots to eat and a good cage, although looking out at the world through chicken wire can get to you after awhile.

わたしはビーグル犬8頭兄弟の一員だった。幸せだった。食べ物は十分、檻も快適。ただ、金網越しに外を見ていると、だんだんきつくなってくるんだ

7

8

Married *Almost once, but that's a long story.*

結婚　*一度しかけたけど、それを話すと長くなるから*

Schools and Colleges attended *Obedience School dropout.*

学歴　*訓練学校中退*

9

10

1972.12.3

Suggestions for Promotion *If you don't promote my book, I'll get another publisher so fast it will make your head spin.*

販売促進のための提案　*ぼくの本をしっかり売ってくれないと、目のまわるようなすばやさで出版社を変えてしまうよ*

I like filling out questionnaires!

アンケートに答えるのって楽しい!

セットフレーズの知識

☐ **be designed to ...** **（意図して）〜されている**

▸ 日本語の「デザイン」は、ファッションなどの美術的なものに関して使われますが、英語では「なんらかの目的のために作り出す」という広い意味で使われます。

☐ **These things happen.** **事情があってね**

▸ 日本語では「事情があってね」というような意味になります。答えづらい質問に対して、「ワケありでね」と答えるのに近いです。「どうして？　どうしてこうなったの？」と子どもが聞くときに、親は "These things happen." と答えます。「まあ、人生ではこういうことが起こるものだよ」と。

☐ **a sense of need** **必要に駆られて**

▸ 作家はたいてい「書かなければならないから書く」と言います。「表現したいという内心の欲求」に従って書くのです。ところがスヌーピーが書かなければならないのは暇をもてあましているからです。

☐ **... get to someone** **〜がしゃくに障る**

▸ 何かが気に障る、気になってしかたがなくていらいらするときに使うのが、この get to someone です。
【例】Things can get to you after a while.
だんだん気になっていらいらしてくることってあるよね。

☐ **... make one's head spin** **〜で頭がくらくらする**

▸ あまりにすばやくて、何が何やら分からないような状態を指します。
【例】She spoke English so fast that it made my head spin.
彼女の英語があまり早口だったので、頭がくらくらしてしまった。

社会
14

ねえ、もし結婚したら

1

Life is like music, isn't it? Or is it?

人生って音楽に似ているわよね? そうじゃない?

2

3

Let's just say you and I are married, see...

まあ、仮にわたしたちが結婚したとして……

You come home from playing the piano in the dining room of some country club...

あなたはどこかのカントリークラブのダイニングルームでピアノを弾いて家に帰ってくる……

4

You're just doing that, see, until you can get a real job...

ほんとうの仕事が見つかるまでと思って、今はそんなことをしているわけ……

Round 1	Round 2	Round 3	Round 4	Round 5	Round 6
月　日	月　日	月　日	月　日	月　日	月　日

5

So you come home, see, and you're kind of depressed about everything, but when your beautiful wife greets you at the door, you...

だから家に帰るときにはすっかり気分が落ちこんでいるのだけど、美しい妻が玄関で出迎えてくれるから……

6

[KLUNK!]

バン!

7

"She who lives by the pretty face, dies by the pretty face."

"美しい顔によって生きる者は、美しい顔によって滅びる"

1992.9.27

セットフレーズの知識

□ Or is it?
そうじゃない？

▸ その前に自分が言った発言に、相手が必ず同意してくれるはずだという自信があるときに "Isn't it?" と言います。しかし、自分の発言が正しい自信が無いときには続けざまに "Or is it?" と言うことがあります。いつも自分が正しいと自信たっぷりなルーシーがこう発言するのは珍しいことです。シュローダーはもちろん、彼女のひとり言を完璧に無視しています。

□ Let's just say...
ただ～とだけ言っておく

▸ これにはふたつの使い方があります。ひとつ目は、今は仮にこういうことにしておこうというとき。もうひとつは、詳しいことは話したくない（秘密だから、不快な話だから、長い話だから……）、だけどかいつまんで必要なことだけ話すというときです。後者は **in effect**（要するに）、**in result**（結局のところ）、**to make a long story short**（早い話が）といった言い方と同じになります。

文化背景の知識

アメリカの娯楽施設

country club とは、ただ、ゴルフだけではなく、食事をしたり、パーティを開いたり、お酒を飲んだり、トランプをしたりするための施設を指します。例えば筆者の母親はフロリダ州のふたつのカントリークラブに所属していますが、ゴルフはもう 10 年以上していません。母は社交のためにクラブに入っています。メンバーはクラブで小規模なパーティを開いたり、友人をもてなしたりなど、自宅の延長としてさまざまな目的に利用することができるからです。また聖パトリックデーの食事会やダンスパーティ、ビンゴゲームといった special event も催されます。カントリークラブのダイニングルームで演奏できるようになるとルーシーに言わ

れたシュローダーは **put down**（おとしめられた）と感じます。彼はもっと高い目標を持っていて、音楽をちゃんと聴かずに、食事のBGMとして扱うような人の前で演奏する気はないのです。

英語のことわざ

これは **"He who lives by the sword shall perish by the sword."**（剣によって生きる者は剣によって滅びる）ということわざのもじりです。ルーシーは自分の「かわいい顔」を武器にシュローダーを夫にしようとしていましたが、その顔のせいで挫折したということです。

ほかにもことわざをご紹介します。

"You win some and you lose some."
物事はうまくいくこともあれば、そうでないこともあり、それもまた人生の一部である。

"That's the way the ball bounces."
物事の結果を常に正確に予測することはできない。世の中そんなものだ。

"A blessing in disguise."
悪いと思っていた結果が、幸運にも良い影響をもたらした。災い転じて福となる。

"Back to the drawing board [=Back to square one]."
白紙に戻してやり直す。一から出直す。

"Actions speak louder than words."
言葉を並べることは簡単だが、本当に大事なのは行動することだ。

"Let's cross that bridge when we come to it."
まずは行動して、問題が起きたらそのときに考えよう。

"A miss is as good as a mile."
小さいミスでも、ミスはミス。1点差でも負けは負け。

社会
15
不安のもと

file - 15

2

[PSYCHIATRIC HELP 5¢] 心の相談所　5セントいただきます

[THE DOCTOR IS IN] 相談受付中

It used to be that a person could live isolated from the world's problems... 昔は世界の問題とは無関係に生きていられたものよ……

Then it got to be that we all knew everything that was going on...※

ところが世界で起きていることが何でも知らされる時代になってしまった……

※ **going on**…できごと。ここでは happening や occurring と同。

3

4

1974.1.19

The problem now is that we know everything about everything except what's going on.

こうなると問題は、わたしたちは何が起きているか全部分かっているのに、なぜ起きたのかは分からないということ

That's why you feel nervous... Five cents, please!

あなたが不安なのはそのせいよ……　はい、5セントいただきます!

I'm short a nickel, I'm still nervous, and I still don't know what's going on!

5セント玉がない。不安なのは変わらず、なぜなのかも分からないまま!

Round 1	Round 2	Round 3	Round 4	Round 5	Round 6
月　日	月　日	月　日	月　日	月　日	月　日

セットフレーズの知識

□ It used to be that...　かつては～だった

▸ 「かつてはそうであった」が今はもうちがうというときに広く使われる表現で、大人ばかりが使うとは限りません。
"It used to be that I had lots of free time, but no money. Now I have money, but no free time."（昔（若いとき）は暇はいくらでもあったけれどお金がなかった。今になってお金はあるけれど暇がない）などというように使います。

文化背景の知識

硬貨の捉え方

(to) be short は、例えば、"I'm short on time."（時間が足りない）、"I'm short of money."（お金／料金が不足している）というように、何かが「足りない」「不足している」ときに使います。この場面でスヌーピーは "I'm short a nickel." と考えています。この nickel とは、ニッケルで出来ている5セントのことを指します。お金の呼び名を紹介すると、a penny（1セント）、a nickel（5セント）、a dime（10セント）、a quarter（25セント）、a half-dollar（50セント）、a buck（1ドル）となります。

社会 16

安心は後部座席に

file-16

1

Lately everything seems to bother※ me... 最近、気がかりなことばかりで……
How do you mean? どういうこと?

※ **bother**…心配させる。worry と同。

2

3

What do you think security is, Chuck?
安心感ってどんなものだと思う、チャック?
Security? 安心感?
Security is sleeping in the back seat of the car...
安心感は、車のうしろの席で眠ることだよ……

4

When you're a little kid, and you've been somewhere with your mom and dad, and it's night, and you're riding home in the car, you can sleep in the back seat...
小さいときにママとパパと一緒にどこかに車で出かけて、夜になって、家に向かって走っている。子どもはうしろの席で眠っている……

5

You don't have to worry about anything... Your mom and dad are in the front seat, and they do all the worrying... they take care of everything...
何も心配しなくていい……　まえの席にはママとパパがいて、心配事は全部引き受けてくれる……　何から何まで面倒みてくれる……

6

That's real neat!※
うーん、すてき!
But it doesn't last! Suddenly, you're grown up, and it can never be that way again!
でも、それはいつまでも続くわけじゃないんだ!　ある日突然、きみは大人になって、もう二度と同じ気持ちは味わえないんだ!

※ **neat**…すばらしい、カッコいい、面白い。

7

8

Suddenly it's over, and you'll never get to sleep in the back seat again! Never!

突然、終わってしまう。もう二度とうしろの席で眠ることはできない! 二度とね!

Never?

絶対に?

Absolutely never!

絶対に絶対!

9

1972.8.6

Hold my hand, Chuck!!

チャック、わたしの手をにぎって!!

セットフレーズの知識

□ How do you mean?
つまりどういうこと？

▸ 相手に説明をうながすための便利な表現です。もっと詳しく話してほしいというときに使います。

□ take care of...
～を引き受ける

▸「仕事上の責任を引き受ける」という意味でも使われます。人に仕事の肩代わりをしてほしいときには **"Please take care of it for me."** とか **"Would you please take care of that?"** などと言います。また自分が引き受けてあげようと思ったら、**"I'll take care of that."** あるいは **"Would you like me to take care of that?"** と言えばいいでしょう。

□ Hold my hand, Chuck!
チャック、手をにぎって！

▸ 人をなぐさめたり相談役になったりすることを **handholding** と言うことがあります。

文化背景の知識

子どもの自立について

Peanuts の子どもたちは誰もが **security（安心）** を話題にします。ここではチャーリー・ブラウンが車の後部席で眠ることにたとえて話をしています。日本では、交通渋滞が激しいのと信号機がとても多いのとで、子どもたちがこの幸せな感覚を味わえる機会はあまりないかもしれません。子どもたちは「すべての心配事をパパとママにまかせて」眠ります。両親が「すっかり面倒をみてくれる」からです。ちなみに、ライナスはいつも security blanket（安心毛布）を手放しません。

Column 6 時間を表す last の使い方

日本人はこの last に苦労しているようです。例えばコンサートについて **"How long did it last?"** と言ったら、「何時間のコンサートだったのか」という意味です。**"It lasted 3 hours."（3 時間だったよ）** のように答えます。あるいは **"How long will the exam last?"（試験の時間はどのくらい？）"It will last 70 minutes."（70 分だよ）** などのように使います。「最後の」という意味で「ラスト」という言葉を使っているためにこの用法が覚えづらいのでしょうか。

Chapter 2
生活

生活 01

ごめんよ、スヌーピー

file - 17

1

Well, Snoopy, wish me luck... I'm off to the sweetheart ball※...

それじゃ、スヌーピー、うまくいくように祈っていてよ…… これからダンス・デートなんだ……

※ **ball**…ダンスパーティー。"have a ball" は「大いに楽しむ」という意味。

2

I'm sorry you can't come with me...

連れていけなくて、ごめん……

3

"Man's best friend," but we never get invited anyplace...

「人類の最良の友」とか言って、どこにも連れていってくれやしない……

1996.4.18

Round 1	Round 2	Round 3	Round 4	Round 5	Round 6
月　日	月　日	月　日	月　日	月　日	月　日

セットフレーズの知識

□ Wish me luck.　幸運を祈っていて

▸ 1コマ目の "Well," は相手の注意を引き、こちらの話を聞く態勢になってもらうためのひと言です。"Wish me luck." とチャーリー・ブラウンが言うのは、出かけていく自分を励ましてほしいからです。スヌーピーは **"Good luck!"**、あるいは **"Good luck at the dance!"** などと言ってあげるべきです。日本語だと「がんばって！」となるところでしょうが、「がんばれ」には相手の奮闘努力をうながすニュアンスがあるのに対し、英語では本人の努力は当然のこととして、そこにさらに幸運が加わるようにと願います。

□ I'm off!　行ってきます！

▸ ただ "I'm off!" と言うと「行ってきます！」になります。**"I'm leaving now!"** も同じように使われます。

□ I'm sorry you can't come.　きみも来られればいいのに

▸「きみも来られればいいのに」という気持ちをこめた、丁寧な言葉です。食事に招いた人が都合で来られなくなったときなどには "I'm sorry you can't come to dinner on Friday."（金曜のディナーにあなたも来られたらよかったのに）などと言います。また相手が何か好ましくないことに直面しているときに、慰め、励ますために使います。

文化背景の知識

犬とヒトの関係

man's best friend は犬を指す古くからの表現です。犬は飼い主に忠実で、人間の友だちに見捨てられても犬だけは味方でいてくれるからです。

お見通しだよ！

file-18

1

Ahem!

えへん!

2

3

It's not six o'clock yet! I refuse to feed you even one minute before six o'clock!

まだ6時じゃないよ!　1分でも6時より前だったら、ご飯はあげないからね!

I know you! I'm on to your little game!

きみのことは分かっているんだ!　きみの作戦はお見通しさ!

4

Today you want to be fed at five o'clock... Tomorrow it would be four o'clock... The next day it would be three o'clock...

今日は5時にご飯をくれって言う……　明日は4時だろ……　あさっては3時になるんだ……

5

Pretty soon you'd have worked your way back around the clock, and you'd have picked up an extra supper!

少しずつ時間を繰り上げていって、そのうちご飯が1回ふえるようにもっていこうというんだろう!

6

Well, you can just forget it!

まあ、あきらめるんだね!

7

He's smarter than I thought he was!

思ったより頭がよかった!

1973.2.25

セットフレーズの知識

I know you!
分かっているよ！

▸ ふたりが知り合いだということではありません。相手の性格やいつものやり口を知っているよ、という意味です。同じ意味合いで **"I've got your number."** や **"I know what you're up to."** などという言い方があります。

be on to...
～はお見通しだ

▸ 真相などを分かっているという意味です。"I'm on to your little game!" で、チャーリー・ブラウンがスヌーピーの作戦を見抜いていることを表しています。little game と言っているところに皮肉なニュアンスが表れています。つまり「だまされないぞ。きみが欲しいものを手に入れようとして考え出すトリックはみんなお見通しなんだから」ということです。**"None of your games!"** という言い方もあって、「おかしな手を使うのはやめてくれ」という意味になります。

pretty soon
すぐに

▸ 「知らないうちに、気がついてみると」という意味で使われています。

You can just forget it!
その手は食わないよ！

▸ **"Give up!"** も使えます。

□ ...than I thought
思ったより～だ

▸ 思っていたことと事実がちがっていたときに使われます。例えば **"The test was harder than I thought."**（思ったより難しい試験だった）など。"He's smarter than I thought he was." の he was は省略できます。

Column 1 Ahem!

Ahem!（えへん！）は人の注意を引くために発する言葉です。**"Excuse me!"**（すみません！）と言うのと同じです。どちらも皮肉な意味合いを持つことがあって、相手がきちんと注意を向けていないときなどに使います。

文化背景の知識

家のなかでのくつろぎ方

この場面でチャーリー・ブラウンは、靴を履いたままソファに座って本を読んでいます。これは、アメリカ人がリラックスするスタイルです。今は本ではなくて、テレビやタブレット、スマートフォンの画面などを見てリラックスする人がほとんどかもしれません。

アメリカでは、泥や雪だらけのブーツでない限り、靴を履いたまま家に入ることが普通です。でも、テーブルの上やソファのアームに足を乗せたいのなら、靴を脱がなくてはいけません。お母さんやお父さんに怒られてしまいますからね。

ソファの上で丸まったり寝ころんだりすることもよくあります。でも他の人がソファに座りたがったら、一緒に座ります。もちろんそれがペットでも。犬や猫などのペットがいる家庭では、動物が人間と空間を「共有」するのは当然だと思われています。

生活 03

人生、もううんざり

file-19

1

Phooey! ちぇっ!

2

What's the matter?
どうしたの?

3

My life is a drag... I'm completely fed up... I've never felt so low in my life...
人生、もううんざり…… もうたくさんよ…… 生まれてからこんなに落ちこんだことはないわ……

Round 1	Round 2	Round 3	Round 4	Round 5	Round 6
月　日	月　日	月　日	月　日	月　日	月　日

4

When you're in a mood like this you should try to think of things you have to be thankful for... In other words, count your blessings...

そういう気分のときは、感謝すべきもののことを考えるようにするんだ……　つまり自分がどういう点で恵まれているのかを考える……

5

HA! That's a good one! I could count my blessings on one finger! I've never HAD anything, and I never WILL have anything!

ふん！　結構な話ね！　わたしが恵まれている点なんて指1本で数えられちゃうわ！　わたしには何もなかったし、これからもないでしょうよ！

6

I don't get half the breaks※ that other people do... Nothing ever goes right for me!

他の人たちの半分もいい思いができない……　何をやってもうまくいかない！

※ **break**…チャンス、機会、幸運。

7

And you talk about counting blessings! You talk about being thankful! What do I have to be thankful for?

それなのに、恵まれている点を考えろですって！　感謝すべきもの？　わたしに感謝すべきものがあるとでもいうの？

8

9

Well, for one thing, you have a little brother who loves you...

えっと、少なくともお姉ちゃんを愛している弟がいるじゃない……

10

1963.6.30

WAAH!

わーん！

Every now and then I say the right thing...

ときどきはぼくもまともなことを言うでしょう……

セットフレーズの知識

□ My life is a drag.
人生に飽き飽きしている

▸ drag は「退屈きわまるもの」。どうなってもいいという投げやりな気持ちを表すのに **“What a drag!”**（つまらねー！／面倒くさい！）などと言います。

□ be fed up with something/someone
~にうんざりしている

▸ もう限界でこれ以上耐えられない、というときに使う表現です。例えば “I'm fed up with this job!”（こんな仕事、もうたくさんだ！）など。よりドラマティックに表現したいなら、てのひらを上に向けた手を鼻のあたりや頭の上に持っていって、こう言います。“I'm fed up to here with this job!”（もうここまでいっぱいいっぱい、うんざりだよこんな仕事！）

□ Count your blessings.
自分がいかに恵まれているか考えなさい

▸ あなたが持っているいいもの（物ではなく、人より恵まれている点や、与えられたチャンスや、いい思い出など）のことを考えなさい、という意味。アメリカの家庭では――ときにはレストランでも――食事の前に say the blessing（お祈りをする）ことがあります。テーブルを囲んだ人たちが手をつなぎ合い、顔を伏せます。無言で祈ることもあるし、ひとりがテーブルの上の食物を与えてくれた神への感謝の言葉を述べることもあります。

□ on the fingers of one hand
（片手の指ほど）少ない

▸ 普通は片手の指ほど少ないことを表しますが、ルーシーが “on one finger” で言いたいのは、「もっと少ない」、あるいは「ほとんどない」ということです。指で数を数えるとき、アメリカ人は日本人とはちがうやり方をします。日本では 1、2、3、4、5 と指を折っていき、次に 6、7、8 と開いていきますが、アメリカ人は 10 まで数えるのには両手を使います。ちょっと原始的ですね。

心配ないわ

file-20

1

2

I'm worried about my dad...

父さんのことが心配で……

Every night he sits in the kitchen eating cold cereal and looking at the pictures in his old high school year book.

毎晩台所にすわってシリアルを食べながら、古い高校の卒業アルバムの写真を見ているんだ

3

4

1965.10.4

How old is your father?

お父さんはいくつ?

I think he just turned forty...

ちょうど40だと思う……

Nothing to worry about... He's right on schedule! Five cents, please...

だったら心配ないわ……　ぴったりスケジュールどおりよ!　5セントいただきます……

Round 1	Round 2	Round 3	Round 4	Round 5	Round 6
月　日	月　日	月　日	月　日	月　日	月　日

セットフレーズの知識

☐ **Nothing to worry about.** **何も心配することはない**

▸ お医者さんがよく使う言葉です。自然なことだから心配する必要はないということです。ここではルーシーが、「40 歳になった男性は誰もが同じようなことを経験するのだ」という意味で言っています。

☐ **He's right on schedule.** **彼は予定ぴったりに進んでいる**

▸ on schedule は **on time** と同じです。交通機関についても使われて "The trains are on time today."（今日は列車はダイヤどおりだ）などと言います。in time とのちがいに注意してください。こちらは予定より早いことを表します。"Leave home early so you will get to the station in time." と言うと、「家を早く出て、電車が駅に着く前に駅に行っているようにしなさい」という意味です。

文化背景の知識

中年の危機

夜「シリアル」を食べるのはあまり一般的なことではありません。夜食（a late night snack / midnight snack）になら何でも食べますが。ここで問題なのはチャーリー・ブラウンのお父さんはお腹が空いたからシリアルを食べているのではなく、考え事をしているという点です。そして高校の卒業アルバムを見ているというところがポイントです。彼はおそらく当時を思い出して、その頃の自分の前に広がっていた、人生のさまざまな可能性を考えているのでしょう。つまり、自分が大きな決断をくだして現在の生活にいたる道を歩みはじめる前の時代のことを思い返しているのです。アメリカではだいたい 35 ～ 40 歳くらいで **mid-life crisis（中年の危機）** を迎えると考えられています。ちょうど人生の半ばにさしかかり、自分の人生はこの先どうなるのだろうと考えさせられる時期です。自分が望んだ人生はこれなのかと。

生活
05

わたしって気難しい？

file-21

1

2

※ **crabby**…不機嫌な、気難しい。いつもcrab（文句を言う）している。

I have a question... 聞きたいことがあるの……
I'm watching TV! テレビ見てるんだよ!
Do you think I'm crabby※**?** わたしって気難しいと思う?
Of course! You're probably the most crabby person the world has ever known! もちろん! お姉ちゃんはきっとこの世で1番気難しい人だよ!

3

4

Some people are up one day and down the next... You never know how to take them... You wouldn't want me to be like that, would you? 日によって機嫌が良かったり悪かったり、極端な人っているじゃない……どう付き合っていいか分からない人…… わたしがそんなふうになってもいいの?
And who can be pleasant all the time? No one can be pleasant all the time... What do you expect of me? それにいつも機嫌良くしていられる人なんて、いる? いつも機嫌良くしていられる人なんかいないわよ…… わたしにどうしてほしいの?

Round 1	Round 2	Round 3	Round 4	Round 5	Round 6
月　日	月　日	月　日	月　日	月　日	月　日

5 6

I don't expect anything of you. 別に何も
You're no help at all! 役に立たない子ね!

7

All right, how about this? How about a year's schedule which gives you two hundred pleasant days, one hundred "really up" days, sixty crabby days and five "really down" days? I could live with that, I think...

よし、それじゃあ、こういうのはどう? 年間計画を立てるんだ。年に200日は機嫌良くする。100日は"特に上機嫌"の日。で、60日は不機嫌な日で、5日は"ほんとうに最低"の日。
それだったら、ぼくもなんとかがまんするけど……

8 9

Can we call today one of the "really down" days?

じゃあ、今日はその"ほんとうに最低"の日ということでいい?

Sure... Why not?

もちろん

[POW!!]

ポカッッ!!

10

1974.5.19

This is going to be great... I still have four "really down" days left, and I haven't even touched my sixty crabby days...

いいじゃない、これ…… "ほんとうに最低"の日はまだ4日残っているし、不機嫌な日は60日まるまる手つかずよ……

セットフレーズの知識

□ up one day and down the next　日ごとに気が浮き沈みしている

▸ ふたつの表現が組み合わされています。ひとつは **one day...and the next** で、これは「毎日状況は変わる」という意味。"rainy one day and sunny the next"（雨だと思えば翌日は晴れ）などのように使います。ふたつめは up と down で、比喩的に気分の上下を表します。

□ how to take something/someone　～をどう解釈したら（～にどう対応したら）いいのか

▸ **"How should I take that?"** と **"I don't know how to take that."** は、相手の発言の真意がおしはかれないときによく使う言い方です。

□ What do you expect of...?　～に何を期待しているの？

▸ これはただの疑問文ではなく、相手に挑む姿勢の表れです。**"What do you want from me?"**（自分にどうしろというのか？）というのも同じ意味です。「何も期待していない」という答えは、「心配しないでほしい」という好意的な態度のこともあれば、「相手が何をしようと気にしていない」という逆の態度のこともあります。

□ be no help at all　全くの役立たずだ

▸ be helpful または **be of help** は「役に立つ」という意味です。この場合、ルーシーの期待にライナスは応じなかったので、彼女は怒って、"You're no help at all!"（この役立たず！）と言っています。ちなみに、相手の期待に応じられない時に謝る言葉として、**"I'm sorry I can't be of (any) help."** と言えます。

□ have something left　～が残っている

▸ **"How much...do you/we have left?"** という言い方で使うことができます。例えば試験のときに "How much time do we have left?"（時間、あとどのくらいある？）と言ったりします。給料日はまだ先なのに、"I don't have much money left."（もうお金があまりないよ）などと言うはめになることもあります。

生活 06

おじいちゃんが言ってたんだ

file - 22

1

My grampa says that when he was small, and got sick, the doctor gave him baby aspirin.※**..**

おじいちゃんが子どもの頃、病気になるとお医者さんが赤ちゃんアスピリンをくれたんだって……

※ **baby aspirin**…子ども用に処方されたアスピリン。baby... で「小型版の〜」という意味。

2

Last week his cardiologist told him he should take one baby aspirin every day...

先週おじいちゃんが心臓のお医者さんに診てもらったら、赤ちゃんアスピリンを毎日飲むように言われたんだ……

3

Grampa says that somehow he has the feeling he's not getting anyplace...

おじいちゃんが言ってるよ、これじゃまるで進歩がないみたいだって……

1990.2.17

Round 1	Round 2	Round 3	Round 4	Round 5	Round 6
月　日	月　日	月　日	月　日	月　日	月　日

セットフレーズの知識

□ **He's not getting anyplace.** 彼には進歩がない

▸「進歩がない」という意味です。仕事に関して "I'm not getting any place with my work." と言ったら、仕事が全くはかどらなくていらいらしている状態です。人に関して "I'm not getting any place with him/her." だと、ふたつの可能性があります。まず、相手に何かを教えたり、相手を変えようとしてうまくいかないとき。もうひとつは彼／彼女に好意を持っているのだけれど、相手はそれに応じてくれない。こちらは熱くなっているのに向こうは冷たいという関係です。逆に、**get somewhere [anywhere]** というと、「進歩がある」ということです。"Now we're getting somewhere!"（ようやく前途が明るくなってきた！）"If you work hard, it will get you somewhere."（勤勉に働けばなんとかなるだろう）などのように使います。

文化背景の知識

病気の捉え方と医学用語

英語では病気を過程として捉えます。例えば **"I got sick on Friday and stayed in bed all weekend."（金曜日に病気になって、週末はずっと寝ていた）**のような言い方をします。それに対しては **"I hope you get well soon."（早くよくなってね）**などと言います。「風邪」については **"I'm catching a cold."** か **"I caught a cold."** です（'a' をお忘れなく）。「風邪をひきそうだ」と「風邪をひいてしまった」にあたります。完全にひいてしまったときは、**"I have a cold."** と言い方が変わります。

Peanuts にはときどき専門的な医学用語が顔を出します。**cardiologist（心臓専門医）**が子どもには難しいと思えば、heart doctor と言い換えることができます。**cardiac** が「心臓の」という意味だと知っていれば **cardiac surgery（心臓手術）**や **cardiac massage（心臓マッサージ）**、**cardiac pacemaker（心臓ペースメーカー）**などの語もすぐに理解できるでしょう。

生活 07

いい断り文句

file-23

1

It'll be fun. 楽しいよ

2 3

Maybe popcorn, too. ポップコーンもおごるからさ
You're going to call me? じゃあ、電話してくれる?

4

That kid wants me to go to the show with him, but I don't want to go!
あの子、一緒に映画に行こうって言うんだけど、わたし行きたくないのよ!

Round 1	Round 2	Round 3	Round 4	Round 5	Round 6
月　日	月　日	月　日	月　日	月　日	月　日

5

I need a good excuse... Maybe I can say I'm coming down with the flu, or I have to wash my hair...

何かいい口実を作らなきゃ……
風邪をひきそうと言おうかしら
それとも髪を洗わなきゃならないとか
……

6

Maybe our family is doing something that afternoon... Or maybe I could say I think Gramma might be coming over...

今日の午後は家族ですることがあるとか……　おばあちゃんが家に来るかもしれないとか……

7

Tell him you have homework to do... That's always a good excuse.

宿題があるって言ったら?
そう言えばいつだってうまくいくよ

I don't know... When he calls, I guess I'll think of something...

そうねえ……　まあ電話してきたら何か思いつくと思う

8

Here, it's him... What are you going to say?

おーい、あの子からだよ…… 何て言うんだ?

9

WHAT MAKES YOU THINK I'D EVER WANT TO GO ANYPLACE WITH YOU?!

わたしがあなたなんかと出かけたいと思うわけがないでしょう?!

10

I knew I'd think of something.

何か思いつくと思っていたのよ

1989.1.8

セットフレーズの知識

□ It'll be fun. きっと楽しいよ

▸ この表現は何かをするのをためらっている人を励まして前進させるために使われることがあります。もちろんほんとうに楽しいという保証はありませんが。

□ I guess I'll think of something. 何か思いつくと思う

▸ guess は suppose と同じ意味で使われています。彼女は必要なときには上手な言い訳ができると思っているのですが、実は彼女が言ったのは最悪のことです。こういうときは **"Shame on you, Sally!"**（きみってだめなやつだな、サリー！）などと言います。

文化背景の知識

よくある言い訳

話し言葉ではインフルエンザ（influenza）のことを flu と省略して言うのがふつうです。**coming down with...** は「〜の症状が出はじめている」という意味です。このほうが言い訳としては「髪を洗わなければならない」よりずっといいでしょう。ほかにもいくつか考えていて、「今日の午後は家族で予定がある」（かなり上手）とか「おばあちゃんが来るかもしれない」（まあまあ）などの候補があがります。チャーリー・ブラウンの「宿題をしなければならない」は子どもの言い訳の定番です。大人の言い訳にも同じく定番とでも言うべきものがありますが、一番無難なのは **"I don't feel well, and I'd better stay home."**（調子がよくないので外出は控えたい）でしょう。こう言って仕事を休むことを **call in sick**（電話で連絡して病欠する）と言います。

怖くないのかい？

file-24

1

I always dread this... これがいっつも心配で……

2

He'll probably freak out...
彼、パニックを起こすかもしれない……

3

Our veterinarian,※ just called... It's time for your checkup...
獣医さんから電話があってね……
定期検診を受けなさいって……

※ **veterinarian**…獣医。ふつうは vet と縮めて使う。vet は veteran（ベテラン）、特に退役軍人を指す言葉でもある。

Round 1	Round 2	Round 3	Round 4	Round 5	Round 6
月　日	月　日	月　日	月　日	月　日	月　日

4

5

He took the news surprisingly well, didn't he?

びっくりするくらい冷静な反応だったね

6

He didn't try to run away or anything.

逃げようともしない

I wonder why...

不思議だ……

Yes, ma'am, my dog is here to see the vet...

はい、そうです。先生に診てもらいにうちの犬を連れてきました……

8

He didn't seem at all worried, did he?

ぜんぜん不安そうじゃなかったね

Maybe he's recalled some words of inspiration that give him strength...

何か深い知恵に満ちた言葉でも思い出して、それで勇気がわいたのかもしれない……

9

1997.10.12

"He that outlives this day, and comes safe home, will stand a-tiptoe when this day is named."

"今日という日を生き延び無事帰還した者は、この日のことが語られるときには、堂々と胸を張って立つことだろう"

セットフレーズの知識

□ **freak out**　うろたえる

▸ **freak** または **freak out** は、1960年代以降の若者言葉でよく使われるようになり、今でもよく使う表現で、「うろたえる、パニックを起こす」という意味です。名詞の freak にはふた通りの使い方があって、自分たちとは異なる人をさげすんで指す場合と、ドラッグにおぼれている人を指す場合があります。

□ **He took the news well.**　彼はその知らせを冷静に受け止めた

▸ あまり楽しくない知らせや結果を聞いて、どんな反応を示したかを知りたいときは **"How did he take the news?"**（彼はその知らせをどう受け止めたの？）と言います。"He took it well." だと、冷静に受け止めたことになります。逆に否定的な反応（怒ったり、がっかりしたり、悲しんだり）を見せたときは、"He took it pretty hard." などと言います。

□ **I wonder why.**　なぜか分からない

▸ 同じ「理由が分からない」という意味でも、"I don't know why." と言うと、やや突き放した印象を与えます。"I wonder why." には「理由を知りたい」という気持ちがこもっているからです。

Column　1　いやなことを表す言葉

dreadful という形容詞を使って、"Mr. Smith's speeches are dreadful. They never end!"（スミスさんのスピーチはひどい。いつまでも終わらないんだから！）などと言うこともできます。同じような意味で **terrible**, **abhorrent**, **extremely unpleasant** なども使われます。

聖書にあるのさ

file-25

1

Is that all you ever do, watch repeats?
そんなことしかすることないの?それ再放送じゃない

Buzz off!
うるさいわね!

2

3

Sigh あーあ
Stop that stupid sighing! その馬鹿みたいなうめき声、やめなさい!
There's nothing wrong with sighing. うめき声の何がいけないの?
There is if it bugs someone! 聞いてていらいらするのよ!

4

It's scriptural!
聖書にあるんだよ!

It's what?!
ええっ?!

Round 1	Round 2	Round 3	Round 4	Round 5	Round 6
月　日	月　日	月　日	月　日	月　日	月　日

5

"Likewise the spirit helps us in our weakness; for we do not know how to pray as we ought, but the spirit himself intercedes for us with sighs too deep for words."

"同様に、'霊'も弱いわたしたちを助けてくださいます。わたしたちはどう祈るべきかを知りませんが、'霊'自らが、言葉に表せないうめきをもって取り成してくださるからです"

6

"Romans" ... Eighth chapter!

"ローマ人への手紙"……第8章!

7

I don't know... I'm either going to have to slug him, or start going back to Sunday school!

どうしたらいいのかしら……　ただぶん殴るか、それともまた日曜学校に通うか!

1974.2.17

セットフレーズの知識

□ Buzz off!
あっち行って！

▸ 兄弟やとても親しい友人同士の間なら許される表現で、「あっち行け」という意味です。buzz（バズ）は虫の羽音を表していて、つまり相手を虫にたとえるので、とても失礼な言い方になります。会社の同僚などを相手には使えません。

□ There's nothing/something wrong with...
～に悪いところは何もない／悪いところがある

▸ ここでは人の習慣に関して使われています。"There's nothing wrong with one glass of wine with a meal."（食事のときにワインをグラス一杯飲むぐらい、どうということはない）は、そのような習慣が健康に影響を与えるかどうかを問題にしています。それとは少しちがう意味で、"There's nothing/something wrong with the printer."（プリンターはどこもおかしくない／何かおかしい）などのように体や機械の故障の有無を指して使うこともあります。

Column 3「いらいら」の表現

何かがbugするというのは、うるさいハエや蚊のようにいらいらさせるという意味です。大問題ではないのですが、しつこく悩まされることを指します。**"His loud voice really bugs me."（彼の声がうるさくて気に障る）**というように使います。

文化背景の知識

日曜学校

この聖書からの引用を知らないアメリカ人もたくさんいます。新約聖書ローマ人への手紙の第 8 章 26 節です。意味は単純明快で、読めばすぐに分かるでしょう。
ライナスのため息が acceptable（受容される）ものであることの証拠だというわけです。注目に値するのは、作者のシュルツが聖書や西欧文学の古典からの引用をしきりに行っていて、しかも冒涜的だとか説教臭いとみなされなかったことです。

Sunday school（日曜学校）の school とは、日曜の朝の礼拝が始まる前に開かれる聖書学習のクラスのことです。9 時か 9 時半から子どもたちの年齢別の 1 時間の授業が行われ、11 時から家族全員が参列する礼拝になります。ルーシーはその日曜学校にまた通って勉強して、弟と議論できるようになるか、それとも一発殴ってすませようかと迷っています。

生活
10
たいへんよ！

file-26

1

2

ALL RIGHT, GOLF FANS,
THIS IS IT... THE OLD
PRO HAS TO MAKE
THIS ONE...

All right, golf fans, this is it... The old pro has to make this one...

さあ、ゴルフファンの皆さん、これです……　ベテラン・プロゴルファーとしてはどうしてもきめなければならないところです……

3

He's down to the last putt, and he can't play it safe... He has to go for it...

このパットにすべてがかかっています、しかも安全策をとるわけにはいきません……　あくまで攻めに出ないと……

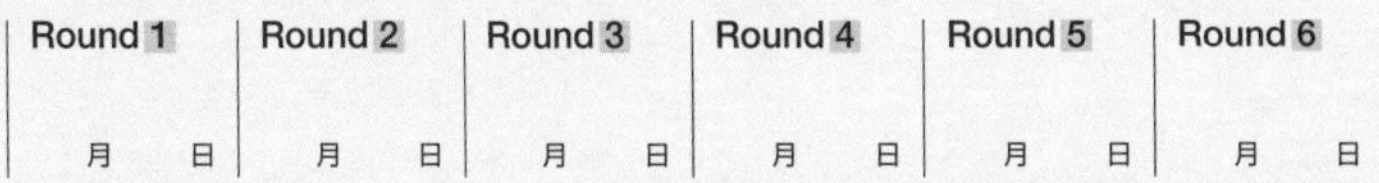

4

5

There's no tomorrow! 明日という日はないのです!
THERE'S NO TOMORROW?! 明日は来ない?!

6

THERE'S NO TOMORROW!!
明日は来ないのよ!!

7

THEY JUST ANNOUNCED ON TV THAT THERE'S NO TOMORROW!!!
今テレビで言ってたわ。明日という日はないんですって!!!

8

THERE'S NO TOMORROW!! THEY JUST ANNOUNCED IT ON TV!

明日は来ないのよ!! 今テレビで言ってた!

9

PANIC! PANIC! RUN! HIDE! FLEE! RUN FOR THE HILLS! FLEE TO THE VALLEYS! RUN TO THE ROOF TOPS!

たいへんよ! たいへんよ! 逃げて! 隠れて! 逃げるのよ! 丘に登って! 谷に隠れて! 屋根にあがって!

10

1973.7.22

Somehow I never thought it would end this way!

こんなふうに終わるとは思っていなかったよ!

I thought Elijah※ was to come first...

まずエリヤがくるのだと思ってた……

※ **Elijah**…預言者エリヤのこと。広く知られていないが、世界の終わりに現れると解釈されることもある。

セットフレーズの知識

□ be down to the last...
最後の～まできた

▸ もうこれを使ってしまったらあとがない、大事に使わなければならないという状況を表します。**play it safe** は「リスクを冒さない、安全策をとる」という意味です。この場合、ベテランゴルフプレーヤーとしては、このホールをものにするためにはリスク覚悟で臨むほかないわけです。
【例】I'm down to my last clean shirt. I need to do laundry.
きれいなシャツがこれ一枚になってしまった。洗濯をしなければ。

□ Go for it!
向かっていけ！

▸ しばらく前から広く使われるようになった表現で、何か困難なことに立ち向かう人を励ますときに使います。ここでは彼は、勝つためには go for it（思いきっていく）しかないわけです。**"Go to it!"** というと「取りかかれ！」「やっちゃえ！」という意味になります。「チャレンジしてみて！」と誰かの背中を押したいときにも使えます。

□ like there is no tomorrow
死ぬつもりで

▸ 例えば "He ate like there is no tomorrow."（まるでこの世の終わりというような食べっぷりだった）のような文で使われます。つまり「食事ができるのはこれが最後だと思っているかのように食べまくっている」という意味です。「最後のチャンスだ」ということですが、サリーはそれを文字どおり「明日という日は来ない」ととってしまいます。

生活
11 あなたが眠っている間に…

file-27

1

[Z]
グー

2

3

[Z]
グー
I'm awake!
目がさめた!

4

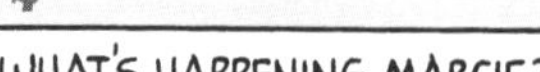

5

What's happening, Marcie? 今どうなってるの、マーシー?
While you were asleep, sir, the world came to an end! You and I are the only people left alive!!
あなたが眠っている間に、世界の終わりが来たんです、先輩! わたしたちふたりだけが生き残っているんです!!

6

Volcanoes were erupting!※ Icebergs were melting! Everything is gone!

火山が爆発し、氷山が融け、何もかも破壊されました!

※ **erupt**…（火山や地震が）爆発する。ここで break out を使うのは誤り。

7

8

Then why is the playground full of kids?

じゃあ、どうして校庭に子どもがたくさんいるの?

9

Sorry, sir... When I saw you got an "A" on that paper, I thought the world had come to an end...

すみません、先輩……　あなたがそのレポートでAをとったのを見て、この世の終わりかと思ってしまって……

1990.6.10

□ What's happening?
何ごと？

▸ 同じ意味で **"What's up?"** や **"What's going on?"** とも言います。つまりペパーミント パティは何も聞いていなかったわけです。

□ get (a grade) on...
～に（成績を）つけられる

▸ 試験の成績をつけられることや、勤務評定を受けることなどを表します。学生は **"He/She gave me an A."**（先生が A をくれた）などという言い方もしますが、ほんとうは、成績は given（与えられる）ものではなく earn（獲得する）ものです。いえ、教育学的にはそうなのです。

Column 3 睡眠にまつわることば

ここで睡眠のサイクルを整理しておきましょう。**be awake（起きている）** から始まって **fall asleep（眠りにつく）**、そして **be asleep**、**be sleeping（眠っている）** 状態になり、次に **wake up（目をさます）**、それからまた **be awake** に戻ります。もうひとつのサイクルは **go to bed（床に入る）**、**go to sleep（眠りにつく）**、**sleep（眠る）**、**wake up（目をさます）**、**get up, get out of bed（起き出す、床を離れる）** です。日本語の「寝る」は英語の sleep より広い範囲をカバーしています。go to bed しても、まだ横になって本を読んだりテレビを見ているかもしれません。go to sleep は電気を消すときです。朝、wake up はしてもまだベッドから出ないかもしれません。get up, get out of bed ではじめて床を離れます。

文化背景の知識

キリスト教的世界観

キリスト教の伝統を持つ西欧では、この世の終わりにイエスが再来し、さまざまな奇跡を起こすと考えられてきました。映画のタイトルにもなったアルマゲドン（ハルマゲドン）がそれです。同時に火山がいっせいに噴火し、地震が起こり、川が氾濫して、それまでの世界の秩序がくつがえされます。

つまりペパーミント パティのレポートが A 評価を受けたことがマーシーには信じられないのです。同じことを言い表すのに **a snowball's chance in hell** という愉快な表現があります。焦熱の地獄で雪の玉が無事ですむ可能性はゼロだからです。ペパーミント パティが A をとるのは、そのくらい想像を絶するできごとでした。

アメリカの成績評価

アメリカの学校では、A、B、C、D、そして F の字での評価が一般的です。A ＋や B －など、＋や－を加えて評価する学校もあります。小中学校では D が一番悪い評価ですが、C を一番悪い評価として使っている学校もあります。小学校では、C は 79 ～ 70 点で、69 点以下が不合格（一部の学校では、D が 69 ～ 60 点で、59 点以下が不合格）となります。大学では、D 評価を取ってしまうと落第になります。また、高校や大学では、学生が履修したすべての科目の成績を合計するときに、成績平均点（GPA）制度を採用しています。GPA は 4.0 が 90 ～ 100 点、3.0 が 80 ～ 89 点、2.0 が 70 ～ 79 点となります。70 点以下の成績（GPA2.0）は、あまり良いとは言えませんが、合格ではあります。論文で「A を取った」となれば、学生は喜んでいいでしょう。GPA が 3.9 や 4.0 なら、クラスメートに本当に頭がいいと思われます。

生活 12

きみもうちの教会に来ない？

file-28

1

I thought I heard someone singing “Bringing In The Sheaves.”
誰かが“春の朝 夏の真昼”を歌っていたみたい

2

3

4

[RING!] ピンポン!
Hi! I’m from that new storefront church a few blocks up the street. やあ! この通りの先にできたばかりの小さな教会から来たんだけど
Would you like to come to our church? きみもうちの教会に来ない?
I already have a church... もう決まった教会があるから……

5

6

7

We have good singing. うちでは讃美歌をいっぱい歌うよ
So do we... Do you sing “Blessed Assurance”?
わたしのところもよ…… あなたのところじゃ“ああうれし、わが身も”は歌う?
Do you sing “Sweet Hour of Prayer”? “静けき祈りの時”は?

Round 1	Round 2	Round 3	Round 4	Round 5	Round 6
月　日	月　日	月　日	月　日	月　日	月　日

8

9

10

We give our money in envelopes... うちでは寄付のお金は封筒に入れて渡すんだ

Who cares? それがどうしたの？

My dad is the preacher. ぼくのお父さんは説教師なんだよ

Good for him. けっこうだこと

11

12

He says the world is coming to an end...
世界はもうすぐ終わりを迎えるんだって、お父さんが言ってるよ……

I feel that way every time I get on the school bus.
わたしはスクールバスに乗るたびにそう思うわ

13

14

1995.11.19

Anyway, you know where we are...
とにかく、うちの場所は分かるよね……

I'm always here.
また来てよ

Those deep theological discussions wear me out...
ああいう深刻な神学論争って疲れるわ……

セットフレーズの知識

☐ **Who cares?**
誰が構うものですか

▸ 相手の言い分を無意味なものと決めつける、とても乱暴な言い方です。別の表現では **“I don’t care!”**（わたしは構わない、気にしない）。言葉どおりなら、ただ「構わない」という意味ですが、怒って使う場合は「どうでもいい！」という意味になり、場面によってニュアンスが変わります。

☐ **Good for...**
よかったね

▸ Good for... にはふたつの意味があります。ここでの用法は、「それはその人にとってはいいことだけれど、自分にはどうでもいい」という意味です。一方で人を祝福するときにも使われ、もっとやさしい口調で言います。**“Good for you!”**（よかったね。わたしもうれしいよ）

☐ **I’m always here.**
いつでもここにいるよ

▸ サリーは単に「いつでもここにいるよ」の意味で使っていますが、人に助力を申し出たあとに、こうつけ加えると、「助けが必要ならいつでも連絡するように」という意味で使えます。同じ意味で、**“I’m not going anywhere.”**（どこにも行かない）と言えます。

☐ **wear someone out**
～をくたびれさせる

▸ 人が主語になると **“I’m worn out.”**（ああ疲れた）という使い方ですが、ここでは「議論」を主語にして “It wore me out.”（おかげでくたくた）というように使っています。

文化背景の知識

キリスト教と教会

Bringing In The Sheaves とは、古くから教会で歌われている讃美歌です。19 世紀の讃美歌のタイトルですが、聖書にある **"reap what you sow"（まいた種は刈らねばならない）** が由来です。タネをまくのは sow で、収穫するのは reap。メタファーとして、正しいことをすればいいことを収穫できますが、悪いことをすればいい結果にはなりません。つまり、正しい生活を送り、人のために努めれば、世の中は良くなる。結果的に最後は天国に行けるのです。

ふつうなら、教会は個々の建物を持ち、その中で礼拝や聖書の勉強会などを行います。現代では、管理費削減のために合併する教団が一つの建物を分ち合うこともあります。しかし、まだ "確立されていない" 宗教グループの場合、営業していない店舗を借りて活動することがあります。自分たちの教会を建てるだけの資金がないので、店のスペースを借りて集会場にするのです。できてはすぐに消えるというイメージがあります。preacher（説教師）はしばしば何か別の定職に就いていて、日曜だけ説教師として活動しています。そのもとに信仰を同じくする人たちの小さな集団が従っています。十分な数の人が集まらないと、その教会はあっけなく消滅してしまいます。

男の子は「自分の教会のほうがいい」と言いたいのですが、何も思いつかず "We give our money in envelopes." と言います。これは寄付金のことで、信者は教会に寄付するお金をそのままで、あるいは小さな封筒に入れて持っていきます。

eschatology（終末論） は storefront church がしばしば標榜するものです。よく見る標語が "Repent now! For the end is near!"（今すぐ悔い改めよ！　終末は近いぞ！）です。つまり地獄に堕ちたくなければ、今すぐこれまでに犯した罪をつぐない、born again（生まれ変わる）必要があるということです。

生活 13

どうしてなの？

file-29

1

You'll pray for me? Why? I'll pray for myself!

わたしのために祈る？　どうして？　お祈りなら自分でするわよ!

2

3

"Call now for best seats"... Best seats for what?

"お電話でよいお席を"？　お席って、何の？

"Stay tuned for the weather and traffic report!" What do they mean, stay tuned? "チャンネルはそのままに、このあとお天気と交通情報"？どういう意味よ、チャンネルはそのままにって？

4

5

I wasn't even listening! What do I need a traffic report for? I don't have a car! ちゃんと聞いてなかったわ!　どうしてわたしが交通情報を聞かなきゃならないの？　車も持っていないのに!

Ten dollars?! They want me to send ten dollars for a tape of their program? I didn't even like their program!

10ドル?!　番組のテープをあげるから10ドルくださいですって!　この番組、好きじゃないのに!

6

And look there! He wants me to send him fifty dollars so he won't go off the air! What do I care if he goes off? All he does is talk!

おまけにこれよ! 番組が続けられるように50ドル送ってくださいですって! こんな番組なくなったって、わたしはぜんぜんかまわないのに。だって、ただしゃべっているだけなんですもの!

7

8

There! [CLICK!] Now you don't have to do any of those things...

おやおや。(パチン!) さあ、これで何もしなくてよくなったよ……

Whew! What a relief! Thank you, big brother...

ふう! ほっとしたわ! お兄ちゃん、ありがとう……

9

You should have been an attorney.

お兄ちゃん、弁護士になればよかったのに

1993.9.12

文化背景の知識

宗教番組

アメリカのテレビには、日本ではあまり見られない種類の番組があります。その筆頭が宗教番組でしょう。ラジオでもテレビでも放送されています。日曜の朝には多くのテレビ局で宗教番組を流していますが、専門の放送局もあって一日中教会の礼拝や宗教音楽などの「キリスト教番組」を放送しています。このような放送局は視聴者からの寄付に依存していることが多く、15分から30分ごとにこんなメッセージが流れます。「番組を楽しんでいただいているでしょうか。番組が続くためには皆さんの支えが必要です。どうかこの宛先に寄付金を……」いわゆる**「バイブル・ベルト」地帯（conservative evangelist Christian area of the US =アメリカ南部の、熱心なキリスト教信者が多く住む保守的な地域）**では特にこのような放送が盛んです。その内容は保守的なキリスト教根本主義に近いもので、ときに政治的な主張が強くなることがあります。

サリーが「わたしのために祈る？　どうして？」と言っているのは、そのようなテレビ番組の出演者が「あなたのために祈ります」と言ったことに対する反応です。

視聴者に寄付を募るのは宗教放送の局だけではなく、PBSでもしています。**Public Broadcasting Service（公共放送サービス）**というテレビ局は一般視聴者や企業などからの寄付で運営されていて、商業局とは異なる内容の番組を放送しています。

Column 4 「見る」「聞く」の英単語

"I wasn't even listening!" と言ったサリーはテレビを see していて look at してはいなかったことになります。ここで「見る」、「聞く」に関する英語をもう一度整理しておきましょう。
「見る」にあたる語はいくつかあります。何かが見えている状態、**「目に入る」**のときは **see** を使います。周囲のものはすべて目に映りますが、わたしたちはすべてのものに注意を払っているわけではありません。何かに**注目したとき**は **look at** になります。**"Look at the beautiful sunset!"** のように使います。目に入るだけではなく、意識する、**動くもの（テレビの映像やスポーツなど）に注意を払って見るとき**は **watch** を使います。**"We watched the parade from beginning to end."** のように使います。
「聞く」にあたる語の場合、**単に音が耳に入ってくる状態**は **hear** です。例えば **"I can hear the people talking and the cars on the street."** という文では、（人の話し声や車の音が聞こえる）けれど、特に何にも注意を払っていません。**特定の音に注意を向けたとき**には、**listen** していることになります。
しかし、これらは他の語と組み合わさることで、単に「見る」、「聞く」を超えた意味を持ちます。ここでは「見る」を表す単語と組み合わさるセットフレーズをご紹介します。例えば、初めて会った人には **"I'm glad to meet you."** と言いますが、二度目以降は **"I'm glad to see you again."** と言います。あるいは、職場を出る際に、「お先に、また明日！」と伝えたいときは **"Good night! See you tomorrow!"** と言います。また、watch もちがう意味を持ちます。**"Watch out!"** と言えば「危ない！」「気をつけて！」。待ち合わせするときに、**"Watch for John."** と言うと、「ジョンが来るから彼を見張ってね。」の意味になり、**"Watch over John."** なら、「ジョンを守ってね」になります。

生活 14

信じられるかい?!

1

So Isaac was saved.
そしてイサクの命は救われた

2

3

Then, guess what happened...
それからどうなったと思う?

Abraham turned around, and saw this poor ram...
アブラハムは周りを見て、かわいそうな子羊を見つけたんだ……

4

5

It had its horns caught in a thicket... Did he set it free? Of course not! やぶに角が引っかかっていたんだよ…… それをはずしてやったか? もちろん、ちがう!

He offered it up as a burnt offering! Can you imagine that?! He killed it!! いけにえとして火で焼いたんだ! 信じられるかい?! 殺したんだよ!!

6

Hey, Snoopy, we're invited over to Gramma's house for thanksgiving dinner...

ねえ、スヌーピー、おばあちゃんがぼくたちを感謝祭の食事に招待してくれたよ……

7

8

And you know what they're going to eat? A bird!!

何を食べるか知っている?　鳥だって!!

BLEAH!　メエエ!

9

He's not coming along?

来ないの?

Don't ask me why... I never know what he's thinking...

どうしてかって、ぼくに聞かないでよ……　彼の頭の中はさっぱり分からないんだから……

1992.11.22

セットフレーズの知識

□ Guess what happened.
何が起きたか当ててみて

▸「当ててみて！　何が起きたか分かる？」という意味ですが、答えを期待している疑問ではありません。言われたほうは **"I don't know. What?"** と応ずることもあります。

□ Can you imagine that?
信じられるかい？

▸「びっくり仰天」という気持ちを表す言い方です。**"Who would have imagined that?"** という表現もあります。

□ Don't ask me why.
わたしには聞かないで

▸「わたしは分かりませんよ、わたしに聞いてもむだですよ」という意味で使われる表現です。つまり、わたしにも見当がつかないということです。

文化背景の知識

サンクスギビングデーと聖書

"So Isaac was saved." は旧約聖書の創世記にある話です。息子のイサクをいけにえとして捧げろ（つまり、殺せ）と神から命じられたアブラハムは、しかたなく命じられたとおりにしようとしますが、最後の瞬間に神に制止され、イサクは死なずにすみます。そして代わりに近くのやぶで身動きができなくなっていた羊がいけにえにされます。

ほとんどのアメリカ人が聖書を読んだか、どこかで聞いたかして、この話を知っています。しかし、ここでは同じ話がいけにえの側の視点で捉えられています。そしてさらに感謝祭の行事に対するちょっぴり皮肉な意見へと話が発展していきます。

感謝祭（サンクスギビングデー）の食事は、アメリカ人の家族生活のハイライトといえるイベントです。日本で言えばお正月やお盆でしょうか。感謝祭はよく知られている11月23日と決まっているわけではなく、11月の第4木曜日に祝われます。ふつうは日曜までの4連休となります。国内での移動がもっとも激しくなる時期でもあります。おおぜいの家族が集まるので大きな七面鳥を大きなオーブンで焼くために、その日は早起きして朝7時にはオーブンに火を入れることになります。ゆっくり、じっくり焼かなければならないからです。感謝祭の「ディナー」と言いますが、食べ始めるのは午後2時頃で、それから長い時間をかけて楽しみます。七面鳥には詰め物がされ、クランベリーソースとグレイビーソースが添えられます。

スヌーピーはいけにえとして焼かれてしまった羊の話をしていたところなので、そんな行事には参加しないという意思表明としてBleah!（メエエ！）と鳴きます。

生活 15

もうすぐハロウィーン

file-31

1

2

We forgot to bring our tracts. パンフレットを忘れた
[RING!]
ピンポン!
Good morning, young lady... おはよう、お嬢さん……

3

4

As you know, Halloween is coming so we're here to tell you about the Great Pumpkin... ご存じのように、もうすぐハロウィーンです、そこで今日はカボチャ大王についてお話ししにきました……
The great who?
何大王?
Pumpkin! On Halloween night the Great Pumpkin rises out of the pumpkin patch...
カボチャです! ハロウィーンの夜、カボチャ畑からカボチャ大王が現れて……

Round 1	Round 2	Round 3	Round 4	Round 5	Round 6
月　日	月　日	月　日	月　日	月　日	月　日

5

Then he flies through the air, and brings toys to all the children in the world!

空を飛んで、世界中の子どもたちにおもちゃを配ってくれるのです!

Are you for real? Is that a dog?

あなた、本気?　そっちにいるのは犬なの?

6

I'll tell you what... You wait right there... I'm going to go in and dial 911, and tell them to come and take you away!

いいこと……　ここで待ってなさい……　わたし、警察に電話するから　あなたをつかまえて、連れていってもらうのよ!

7 8 9

1996.10.27

Any suggestions?

何か提案は?

Dogs always know what to do...

どうすればいいか、犬はいつでも知っている……

セットフレーズの知識

- **Are you for real?**
  本気で言っているの？

▸ **"Are you serious?"**（本気で言ってるの？）という意味ですが、同時に **"Are you nuts?"**（馬鹿じゃない？）という気持ちも入っています。「マジ？」を英語で言うと **"For real?"** でしょう。

- **I tell you what.**
  じゃあ、こうしよう

▸ **"I tell you what."** は何かを提案したり、あるいは妥協案を示すときの言い方です。交渉の場などで双方の折り合える点を見つけようとするときによく使われます。ここでは女の子はライナスの頭がおかしいのだと思って「"911" に電話するわよ」と言います。

文化背景の知識

ハロウィーン

ライナスが使っている "tract" は、宗教関係者が使う専門的な言葉で、パンフレットや冊子を意味します。特に戸別訪問をして布教をすることに熱心な宗派の人たちがよく使います。ここではライナスとスヌーピーが「カボチャ大王」についての「言葉を広め」ようとしているので、まるで宗教活動のようでこの言葉がぴったりです。布教のための戸別訪問が盛んになるのはクリスマス前とイースターの前の時期です。そしてこんなふうに話を始めます。"As you know, Christmas is coming, so we're here to tell you about Jesus Christ."（もうすぐクリスマスですね。イエス・キリストのことをお話ししましょう）

Peanuts で長く続いた「カボチャ大王」のエピソードは、数週間早く来たサンタクロースといった趣です。ハロウィーン（Halloween）の呼び名は万霊節（All Hallows）に由来します。すべての聖人の霊が地上に戻ってくるとされるカトリックの聖日です。本来は All Hallow's Eve（聖人の夜）だったものが、いつしか子どもたちが近所の家をまわって "Trick or Treat"、「treat（ごちそう）をくれないと trick（いたずら）をするよ」と言ってお菓子をもらう日になりました。今では保護者が付き添って知り合いの家を訪ねるだけで、子どもたちもいたずらはしません。10 月 31 日と決まっていますが、その日が平日の年にはその前の週末に繰り上げられることが多くなっています。あくまでも、アメリカでは Halloween は子どものためのイベントです。

緊急時の電話番号

日本では、救急車や消防車を呼ぶときに 119、警察を呼ぶときに 110 に電話しますが、アメリカではすべての危機的状況で 911 に電話します。

ばかだったわ！

1

I should have known! ばかだったわあ!

2

3

Should have known what? ばかだったって、何が?
Why didn't you tell me?! どうして教えてくれなかったのよ?!
Tell you what? 何をさ?

4

5

That there is no Samantha Claus!!
サマンサ·クロースなんて人はいないんだって!!
The kids at school all laughed at me! Why didn't you TELL me?!
わたしは学校中の笑いものよ!　どうして教えてくれなかったの?!

Round 1	Round 2	Round 3	Round 4	Round 5	Round 6
月　日	月　日	月　日	月　日	月　日	月　日

6

Samantha Claus! Santa Claus! They sound alike! How was I to know? They all laughed at me!

サマンサ・クロース!　サンタ・クロース! そっくりなんだもの!　わたしに分かるはずがないでしょ!　みんながわたしのことを笑ってる!

7

8

YOU'RE NOT LISTENING TO ME! WHAT ARE YOU DOING WITH THAT STUPID BOX?

I made a complete fool out of myself! I'm ruined for life! I have nothing to live for! ほんとにばかなことをしてしまったわ!　わたしの人生はもうおしまい! 何を頼りに生きたらいいか分からない!

You're not listening to me! What are you doing with that stupid box?

聞いてないのね!　その変な箱をどうしようというの?

9

WRAPPING YOUR CHRISTMAS PRESENT

10

1992.12.20

Wrapping your Christmas present.

きみへのクリスマスプレゼントをラッピングしているんだ

This has always been my favorite time of year...

クリスマスって大好き……

セットフレーズの知識

☐ **I should have known!**
うかつだった！／知っておくべきだった！

▸ 何か失敗してしまって、それを後悔するときの言葉です。あんなことをしないだけの分別があってしかるべきだった、こうなることを前から知っておくべきだったのに、と。

☐ **make a fool (out) of someone**
～を笑いものにする

▸ 誰にでも経験のあることです。ひんぱんに使われる表現で、自分自身についてもよく言います。fool の代わりに idiot と言うこともあります。

☐ **I'm ruined.**
痛手を受けた

▸ この表現は事業や商売に関してよく使われます。「回復不能なほどの損害をこうむった」という意味です。

☐ **I have nothing to live for.**
わたしにはもう生きがいがない

▸ 文の終わりに前置詞を置いてはならないと、よく文法書に書いてあります。イギリスの首相を務めたウィンストン・チャーチルは、こんな文を作って文法家をからかいました。"This is the sort of thing up with which I will not put."（わたしはこのたぐいのことにはがまんがならない）確かに文末に前置詞はありませんが、"This is the sort of thing which I will not put up with." に比べてとても不自然な感じがします。

Column 10 favoriteのまちがいやすい使い方

favoriteに関して日本人がまちがいやすいのは、「一番好き」をmost favoriteと訳してしまうことでしょう。favoriteは常にひとつのものを指すということを覚えておいてください。my favorite... といえば、一番好きなひとつのもののことです。ですからサリーは同じことを "This is the time of year I like best." と言うこともできます。複数のものを含めて表現したいときは、one of my favorite... と言います。

文化背景の知識

クリスマスとサンタクロース

「クリスマス」はキリスト教の文化なので、公立学校では12月24日から25日を「ハッピーホリデーシーズン」と呼び、ユダヤ教徒やイスラム教徒、他の宗教を信じる人たちに配慮しています。サンタクロースはクリスマスに比べると配慮が少なく使える言葉で、プレゼントを贈るという考え方は、多くの宗教でもある程度共通しています。学校では、同じクラスの他の子どもたちと匿名で交換するために、子どもたちに簡単なプレゼントをラッピングして持ち寄るようにいう場合もあります。また、リースや赤いリボン、飾りなどで教室を飾ることもあります。

生活 17

ねえねえ、大発見よ！

file-33

1

[MADAM LUCY SEES YOUR FUTURE] マダム・ルーシーがあなたの未来を見ます

2

3

4

5

Guess what, manager! I've discovered something! If I stare at this ball, I can see the future!

ねえねえ、監督！　大発見よ！　このボールをじっとにらんでいると未来が見えるの！

If I concentrate on the ball, I can see all the games we're going to play... ボールに気持ちを集中すると、わたしたちがこれからする試合が全部見える……

Round 1	Round 2	Round 3	Round 4	Round 5	Round 6
月　日	月　日	月　日	月　日	月　日	月　日

6

I can see you becoming a great pitcher...

あなたは大ピッチャーになるわ……

7

8

I can see our team winning many championships! I can see...

うちのチームは何回も優勝するわ!　それから……

I hate to interrupt you, but while you were seeing everything, their runner scored all the way from first base!

邪魔して悪いけど、きみが未来を見ている間に、敵のランナーが一塁からホームインしちゃったんだ!

9

10

1998.3.15

I see a great future for you, kid!　あんたは前途洋々たるものよ!

セットフレーズの知識

□ **Guess what!**
ねえ、何があったと思う？

▸ これから自分が言おうとしていることに相手の注意を引きつけるための表現です。言われたほうは **"What?"** と応じるのがふつうです。あるいはだまって相手の顔を見て、その先を言うのを待ちます。よりフォーマルな表現として、**"Have you heard the news?"**（あの知らせはご存じですか？）があります。この場合は **"What news?"** と応じるのがふつうです。

□ **stare at...**
～を見つめる

▸「見る」という意味の英語はたくさんあって、それぞれニュアンスがちがいます。日本語では同じ「見る」という動詞に副詞、特に擬態語を添えてニュアンスのちがいを表すことが多いでしょう。それに対して英語ではそれぞれの動詞に副詞的な意味が組み込まれています。例えば 4 コマ目の stare at は日本語だと「じっと見る」になるでしょう。**concentrate on** も「見る」行為を指して使うことがありますが、かなりの集中度で注視している状態を表します。**glare at**、**shoot daggers at** だと、「じっとにらむ」という意味になります。

□ **I hate to interrupt you, but...**
お話し中に申し訳ないのですが、……

▸ えんえんと続くルーシーの話を、チャーリー・ブラウンはいつもながら辛抱強く聞いています。でも最後にはさすがにもうやめさせなければと思います。そしてとても礼儀正しい言い方をします。この表現を知っているととても役に立つでしょう。**"I hate to interrupt you, but..."**（途中ですみませんが、……）この hate は、「こういうことはしたくないのですが」という気持ちを表しています。**"I'm sorry to interrupt you, but..."** も同じ表現です。

文化背景の知識

アメリカ人とスポーツ

アメリカの子どもは、12人程度で行うスポーツを授業で習います。**P.E. (physical education、体育)** の授業では、天気のいい日に外でスポーツをし、雨の日には体育館でスポーツをします。

アメリカで一番人気のスポーツは長らく野球でしたが、今ではアメリカンフットボールがその座に取って代わりました。小学生になると子どもたち（ほとんど男の子）の多くがアメフトを始めます。女の子は、アメフトの試合で同じく活躍する「チアリーディング」により魅力を感じる傾向にあるようです。男女ともに、パートナーや、他のカップルや家族と一緒に、社会的なイベントとして高校や大学、プロリーグの試合を見に行きます。

子どもたちの間では、アメフトの話題がいつでも自然に出てきて、好きなチームや選手の話で盛り上がります。大人同士でも「仲間意識」の一環として、職場や仕事帰りにアメフトを話題にすることもあります。週末にどのチームが勝ったのかに注目すれば、その話題に参加できます。

アメフトとともに金曜日から日曜日を過ごすこともできます。

金曜日の夜：高校生の試合があり、同級生や親も含めた交流会の場になります。大人も参加できるように、試合はたいてい夜に行われます。

土曜日の午後：たいてい大学生の試合があり、大学のキャンパスには、学生やOB、その他のファンが大勢集まります。午後の試合前にランチパーティーがあったり、試合後にパーティーがあったりします。特に卒業生にとっては、旧友と集まる良い機会であり、大きな社交の場となります。

日曜日：プロチームの試合があります。チームの人気次第で、地元で放送されたり、全国放送されたりすることもあります。上位のチームはスポーツ専門チャンネルで分析・議論され、試合結果は翌日の新聞のスポーツ欄にも載ります。

生活 18

まあ、気にするなよ

file-34

1

2

3

Round 1	Round 2	Round 3	Round 4	Round 5	Round 6
月　日	月　日	月　日	月　日	月　日	月　日

4

[CLICK!]

カシャ!

5

I heard you lost the tournament by one stroke...

1打差でトーナメントに負けたんだってね……

6

WELL, DON'T TAKE IT TOO HARD...

Well, don't take it too hard...

まあ、あまり気にしないことだよ……

7

I'll see you in the morning...

じゃあ、また明日……

8

A real sportsman learns to put things like that out of his mind...

真のスポーツマンなら、ああいうことはさっさと頭から追い出してしまうものだ……

9

1991.7.21

セットフレーズの知識

□ **Don't take it too hard.**
深刻に捉えすぎないで／落ち込むなよ

▸ 何かが心にきつくこたえたとき **take something hard** と言います。人をリラックスさせたい、不安を取り除いてあげたい、あまりまじめに受け取らないでもらいたい、そんなときには逆の意味 **"Take it easy."** を使います。この言葉は "Good-bye." の代わりの挨拶としても使われます。it は何を指すのか？　広く人生一般を指しています。

□ **I'll see you in the morning.**
また明日の朝ね

▸ これも「さようなら」の代わりの挨拶です。**"I'll see you later."** がもっとも一般的な表現で、「またあとでね」です。特に若い人たちは親しい同士で **"See ya."** と縮めて使います。**"I'll see you on Monday."** は職場の同僚などが金曜日に交わす挨拶です。**"I'll see you when you get back (I get back)...."** のような使い方もできます。

□ **put something out of one's mind**
～を忘れる／気にしない

▸ スヌーピーがどんなに落ち込んでいるか、チャーリー・ブラウンにはきちんと分かっていないようです。逆は **keep something in mind** です（in one's mind ではありません）。例えば **"I'll try to keep it in mind."**（覚えておくようにするよ）のように言います。ちなみに、**It slipped my mind.** と言うと、「うっかり忘れた」という意味になります。

文化背景の知識

スポーツの勝ち負け

lose a tournament は、トーナメントで最終戦まで行って、そこで **opponent**（enemy とは言わないことに注意してください）に負けることです。逆は、**win a tournament** で す。**"I was defeated in the tournament/game."** という言い方もあります。**"I won the victory."** と言っても通じますが、和製英語に近い響きがあります。**"I won."** と言うほうがふつうです。順位を言うときは **"He took first place."（彼は 1 位になった）** のようになります。賞金や盾、カップなどの賞（prize）が与えられることがあります。つまり **"He may also win the top prize."（彼は 1 等賞品ももらえるかもしれない）** となります。

この **sportsman** は、大人としてふるまうことのできるアスリートを指します。**good sportsmanship（スポーツマンらしい態度）** が重んじられます。それには **play fair and square（フェアプレイに徹する）** ことが必要で、負けはいさぎよく認めて相手と握手しなければいけません。日本の選手は世界的に good sportsmanship を表していると思われています。

Chapter 3
学校

学校 01
用意周到です
file-35

1

2

Hey, Marcie... Let's go do some shopping for school supplies...
ねえ、マーシー…… 学用品を買いに行きましょうよ……
I did that a month ago, sir. もう1か月前にすませてしまいました、先輩

3

4

1995.9.1

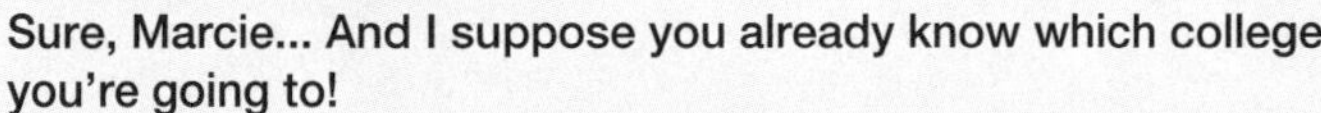

Sure, Marcie... And I suppose you already know which college you're going to!
なるほどね、マーシー…… きっとどこの大学に行くかも分かっているんでしょうね!
And I've enrolled my three kids in pre-school!
その上、わたしの子ども3人の幼稚園も決まっています!

Round 1	Round 2	Round 3	Round 4	Round 5	Round 6
月　日	月　日	月　日	月　日	月　日	月　日

セットフレーズの知識

☐ **Let's go do some shopping.** 買い物に行こう

▸ もっと一般的な言い方は **"Let's go shopping."** です。ここで Let's は「〜しましょう」だと思いこんでいる日本の皆さんにひと言。英語では Let's のあとには必ず動詞がきます。

文化背景の知識

アメリカの学校制度

7月末から8月はじめにかけて、お店では Back to School Sale（新学期セール）を行います。親子で衣料品店や文具店をまわって、**新学期を迎えるに当たって必要な品々（school supplies）**を買いそろえるシーズンです。

アメリカでは college も university も区別なく使われます。正確には大学院のある大学が university で、学部だけのところが college ですが、日常会話ではもっぱら **"Where do you want to go to college?"（大学はどこに行きたいの？）**とか **"Where do you go to college?"（大学は？）**などと言います。要するに高校を卒業したあとの4年間の学業の場を指して言っているので、正確に区別する必要はないのです。また自分の通っている大学を言い表すのに "I'm a student at XX University." よりも **"I go to XX University."** のほうがより自然な感じがします。また正式に学生になることを **enroll** と言います。名詞は **enrollment** で、**"The enrollment is 350."** は「学生総数が350名」という意味です。

学校
02

両親がわたしに求めることは

file-36

1

2

My parents are driving me crazy, Charles! They want me to be perfect...

両親のおかげで頭がおかしくなりそうなのよ、チャールズ! わたしは完璧でなきゃいけないの……

They want me to get straight A's※ in school, and do everything perfect! I'm cracking up, Charles... 成績はオールAでなければいけないし、すべて完璧にこなさなければいけないのよ! もう、切れちゃいそう……

※ **straight A's**…"オールA"は日本語です。

3

4

1990.10.16

I shouldn't even be here... I'm supposed to be reading "Ivanhoe."

ほんとはここにいるのもいけないのよ…… 今は『アイヴァンホー』を読んでいるはずなの

I don't know what to say... 何と言ったらいいのか……

Keep talking while I read this last chapter...

最後の章を読むから、何かしゃべってて……

Round 1	Round 2	Round 3	Round 4	Round 5	Round 6
月　日	月　日	月　日	月　日	月　日	月　日

セットフレーズの知識

□ drive someone crazy　～をいらいらさせる／夢中にさせる

▸ 同じ意味で **drive someone nuts**、**drive someone bananas** などと言います。

□ crack up　頭がおかしくなる

▸ ここでは **go crazy**（頭がおかしくなる）という意味で、彼女はもうプレッシャーに耐えられないことを表しています。もうひとつ、「声を立てて笑う」という意味があります。特に笑いをこらえようとしてこらえきれずに笑ってしまったときに、こう言います。"He cracks me up." だと、彼には大笑いさせられるという意味です。

□ be supposed to...　～するはず

▸ しているはずのことをしていないときに言います。この場合は、彼女は『アイヴァンホー』という長くて退屈な小説を読んでいなければいけなかったわけです。もちろん、日本の小学生が源氏物語や夏目漱石、森鷗外の小説を読まないように、アメリカの小学生が『アイヴァンホー』を読むことはないので、さらに面白いのです。ここではマーシーが「教育ママ・パパ」に高い基準を期待されているということで、彼女に同情します。

□ I don't know what to say.　何と言えばいいのか分からない

▸ チャーリー・ブラウンはマーシーの苦しみに同情しますが、役に立つようなアドバイスはできずにいます。彼女は両親の期待を internalize（内面化）してしまい、彼らの期待を自分の期待と思いこんでしまったために、それに応えられないことに罪悪感をいだき、読みたくない本を無理して読んでいるのです。

Column 4　while と during のちがいを確認しよう！

while と during とのちがいを確認してください。during は前置詞なので、あとには必ず名詞が来て、while は接続詞なので節が来ます。「大学時代にアルバイトをした」というのは、**"I worked part-time during my college days."** か **"I worked part-time while I was in college."** のどちらかになります。

学校 03

学校には行けないわ！

1

2

Psst, Sally... Wake up! It's time for school...
おいおい、サリー……　起きなきゃ!　学校の時間だよ……

School?! 学校!?

3

4

I can't go to school! I'm not ready!!
わたし、行けない!　わたしには無理なのよ!!

I don't know where Italy is! I can't spell "cavalry"!
イタリアがどこにあるのか知らないし、"cavalry"のつづりなんて分からない!

Round 1	Round 2	Round 3	Round 4	Round 5	Round 6
月　日	月　日	月　日	月　日	月　日	月　日

5

Who was the father of Richard the Fiftieth? Is my boiled egg ready? Where's my pocket computer? Where's my lunch money? I need answers!

リチャード50世のお父さんは誰?　わたしのゆで卵はできてる?　わたしの電卓はどこ?　お昼ご飯のお金はどこ?　答えてよ!

6

How can I go to school if I don't know any of the answers?

答えてもらえなきゃ、学校には行けないわ!

You don't have to know the answers... That's why you go to school...

答えは知らなくていいんだよ……　そのために学校に行くんだから……

7

School is for learning.

学校は勉強するところなんだよ

HA!

ふん!

8

9

Who WAS the father of Richard the Fiftieth?

リチャード50世のお父さんって、いったい誰だっけ?

1974.9.8

文化背景の知識

アメリカの学校生活

日本語で「この単語のスペルはなんですか?」「これはどういうスペルですか?」などと言いますが、英語の spell は名詞ではなく動詞です。ですから **"How do you spell...?"** とか **"What is the spelling of...?"** などと言います。spell を名詞として使うと「呪文、まじない」という意味になってしまいます。サリーは cavalry（騎兵隊）という単語のつづりについて心配していますが、彼女ぐらいの歳でこの単語を覚える必要は全くありません。

アメリカの子どもたちは中学や高校でシェイクスピアの作品を何編か読まされます。またイギリスの歴史についても学びます。そのために子どもたちは名前のあとに数字のついた王様の名前をいくつも覚えなければならなくなります。リチャード1世、2世、3世と。もちろんリチャード50世などという王様はいません。これはただのジョークですが、アメリカ人の大人はこれを読むと、子どものときに王様の名前で苦労させられたことを思い出します。

子どもたちは茶色い紙袋かランチボックスに入れたお弁当を持って学校に行く（take their lunch to school）こともあれば、校内のカフェテリアで食事をすることもあります。そこで必要になるのが **lunch money** です。持参した弁当であれ、校内で買った食べ物であれ、食べるのはカフェテリアと決まっているので、日本の学校で子どもたちが教室の机で食事をしているのを見ると、アメリカ人は不思議な印象を受けます。

学校 04

日曜日の午後のジョー・クール

file-38

Chicks※ go for these turtle-neck sweaters...
女の子はこういうタートルネックのセーターに弱いんだ……

※ **chicks**…昔の流行語で「女の子」の意味。

2

3

Here's Joe Cool hanging around the dorm on a Sunday afternoon...
ジョー・クールが日曜日の午後、学生寮のあたりをぶらいついているところ

Maybe I'll go over to the student union, and check out the scene.
学生会館に行って、ようすを見てみようか

4

5

Here's Joe Cool hanging around the student union looking for action.
ジョー・クールが学生会館をぶらついて、女の子はいないかとようすを見ているところ

I see they're showing "Citizen Kane" again... I've only seen it twenty-three times... また"市民ケーン"を上映するのか…… ぼくはまだ23回しか見てないけど……

Round 1	Round 2	Round 3	Round 4	Round 5	Round 6
月　日	月　日	月　日	月　日	月　日	月　日

6

7

※ **Rats**…Nuts!（ちぇっ！）のもじり。

Maybe I'll go over to the library, and see who's there.

図書館に行ってみよう　誰かいるかもしれない

Rats※... No chicks! Maybe I should go over to the gym and shoot a few baskets... ちぇっ……ひとりも女の子がいない!　体育館に行くのがいいかな バスケットボールを2、3発シュートして……

8

9

If I had some wheels,※ I'd cruise around for a while... Maybe I should walk over, and look at the geological exhibit...

車があれば、その辺ちょこっと転がしたりするんだけど……歩いていって、地学展でも見てこようか……

I've gotta be kidding... Look at those rocks again? No way!

まさかね……　またあの石ころを見に行く?　とんでもない!

※ **wheels**…車（あるいはオートバイ）。

10

11

※ **a guy**…男性を指すカジュアルな表現（「あいつ」）。複数形 guys は男女を問わず使われる。

There's a guy※ with two chicks... How does he do it?

あの男、女の子をふたりも連れてる……　どうしてあんなことができるんだろう？

The leaves are beginning to fall... The sun is warm, but it's kind of chilly in the shade.

木の葉が散りはじめている……　日の光は暖かいけれど、日陰に入るとひんやりする

12

13

1971.9.12

I wonder what's going on at home... Maybe I should go back to the dorm and write some letters...

家はどうなっているだろう？　そろそろ寮に戻って、手紙でも書こうか……

***Sigh* Joe Cool hates Sunday afternoons...**

あーあ　ジョー·クールは日曜の午後が大嫌いさ……

セットフレーズの知識

☐ **go for...** **〜に魅力を感じる**

▸ **go in for something** で、「〜をするのが好き」という意味になります。
【例】We've gone in for snowboarding recently.
最近スノーボードにこってるんだ。

☐ **hang around / hang out** **ぶらぶらする**

▸ もっぱら時間つぶしをするためにぶらぶらすること。

☐ **check out the scene** **こっそり調べる**

▸ この表現自体はもう古くなっていますが、現代の口語表現には **snoop around** があります。

☐ **look for action** **面白いことを探す**

▸ action には「面白いこと」という意味があります。**look for action** はもともと「何か面白いこと、楽しく遊べる場を探す」という意味ですが、このように「遊べる相手を探す」という意味にもなります。

☐ **gotta be...** **〜にちがいない**

▸ gotta は got to の縮まった形、must be と同じ意味で、「〜にちがいない」。

Column 2 学生が使う省略語

学生が使う省略語には以下のようなものがあります。
dorm（ドーム/dormitory 寮）、gym（ジム/gymnasium 体育館）、lab（ラブ/laboratory 実験室）。科目名には bio（バイオ/biology 生物学）、psych（サイク/psychology 心理学）。人については prof（プロフ/professor 教授、面と向かっては使わない）などと言います。★ BMOC【ビーエムオーシー】は Big Man on Campus（キャンパスの大物）で、すべての男子学生が目指すところです。

学校 05

わたしは雑草よ！

file-39

1

2

You know what I am, Marcie? I'm a weed!

わたしがなんだか分かる、マーシー？　わたしは雑草よ！

3

4

The world is filled with beautiful plants and flowers, but I'm just an ugly weed.

この世には美しい草や花があふれているというのに、わたしはただのみにくい雑草なの

I'm a poor ugly weed trying to push her way up through the sidewalk of life!

わたしは人生という歩道の敷石から必死で伸び上がろうとしている、みじめな、みにくい雑草なの！

That's a great metaphor, sir.

すばらしい比喩ですね、先輩

5

Did you know that weeds have a wide tolerance for environmental conditions and the rare ability to exploit recently disturbed terrain?

ご存じですか?　雑草にはさまざまな環境に順応する幅広い能力が備わっているのです。そして、汚染されたばかりの土壌からでも栄養分を吸収して生き延びていく稀有な力を有してもいます

6

What in the world does that mean?

いったい全体、どういう意味?

You can roll with the punches, sir!

打たれ強いってことですよ、先輩!

7

By golly, Marcie, I think you're right...

なるほどね、マーシー、あんたの言うとおりだと思うわ……

8

I've got my confidence back, ma'am! Ask me anything! Give me your best shot!!

わたし、自信を取り戻しました、先生!　なんでも質問してください!　一番きついのをどうぞ!!

9

I'll bet the principal would be surprised to find a weed growing in front of his office...

校長室の前に雑草が生えていたら、校長先生びっくりするだろうな……

1980.1.6

セットフレーズの知識

□ have a tolerance for... ～に耐えられる

▸ (have a) tolerance for と for を使うと何かに耐えられることを表し、**tolerance of** だと何かを寛大に許すという意味になります。"I have no tolerance for your meddling!"（これ以上いっさい口出ししないでもらいたい！）のような用法もあります。

□ What in the world does that mean? いったい全体どういう意味？

▸ What in the world ～？で始めると、「いったい全体」と強調された疑問文になります。相手の言うことが全く分からないというときの強調用法ですが、もう少し乱暴な言い方に **"What the hell does that mean?"** や **"What the dickens does that mean?"** があります。

□ roll with the punches 苦難に耐え抜く

▸ 柔軟な姿勢で敵に対処して耐え抜くことです。これはボクシングに由来する表現で、ボクサーが体を左右にゆすって（roll して）相手のパンチを避けるところから来ています。

□ Give me your best shot! 全力で来て！

▸ 自信満々の態度を表します。つまり **"I can take anything!"**（何が来てもへいちゃら！）です。これもスポーツ、特にボクシングに由来する表現で、相手がもっとも強力な手で来ても負けないという自信の表現です。先生や上司に対してこのような言い方をするのはきわめて無礼なことです。

Column 9 in front of と in the front of

バス停で待っていたところへバスが来たと思ってください。あなたは in front of the bus と in the front of the bus のどちらにいたらいいと思いますか？　ちがいはたった the 一語ですが。in front of を選んだ人はバスにひかれてしまいます。これは外でバスの前に立っていることを表すからです。in the front of だと、無事バスに乗って、運転席に近いところに座席を見つけたことになります。in back of the bus と in the back of the bus も同じ関係にあります。

学校 06

お昼ご飯を楽しんで

file-40

1

2

Good grief! Another note!

おっとー! また手紙だ!

3

"Dear Son, I hope you enjoy and also appreciate the lunch I made for you today."

"お昼ご飯を楽しんでください。お弁当を作ったお母さんへの感謝を忘れずに"

4

"Did you have a nice morning? Did you volunteer in class as I suggested? Teachers are always impressed by students who volunteer... It is a sure way to better grades..."

"午前中はどうでしたか?　お母さんが言ったように積極的に手をあげましたか?　先生たちはどんどん手をあげる生徒を評価するものです……　いい成績をとるにはそれが一番なのです……"

5

"Remember, better grades now will mean a better college later on... Did you eat your carrots? Proper nutrition is essential to good study."

"いいですか、今いい成績をとっておけば、いずれいい大学に入れますからね……　ニンジンは食べましたか?　勉強がはかどるためにはバランスのとれた栄養が欠かせないのよ"

6

"Are you sitting in the sun? I hope so, for a little sun is good as long as we don't overdo it... Perhaps ten minutes a day this time of year is about right."

"日向に出ていますか？　ぜひそうしなさい。日光浴は度を越さなければ体にいいのです……今の季節だと1日10分くらいがちょうどいいでしょう"

7

Hi, Linus... What are you having for lunch?

やあ、ライナス……　お昼は何を食べているの？

8

Carrots, peanut butter and guilt!

ニンジン、ピーナッツバター、それにうしろめたい気持ち！

1974.5.26

文化背景の知識

アメリカのランチタイム

チャーリー・ブラウンがライナスに **"What are you having for lunch? "（お昼は何を食べているの？）** と尋ねています。お弁当を食べて家に帰った子どもたちが決まって口にするのは **"Mom, what are we having for supper?"（ママ、夕ご飯は何？）** です。

ニンジン（とセロリ）はアメリカの子どもたちのお弁当に必ずと言っていいほど入れられています。「体によい」というのがその理由です。**nutritious（栄養がある）** という単語はよく知られていますが、**nutrition（栄養摂取）** という言葉も覚えておくといいでしょう。ピーナッツバターとジャムのサンドイッチというのがアメリカの伝統的な子どものお弁当ですが、その理由は⑴栄養があって、気温が高い季節でも悪くなりにくい、⑵安い、です。「おにぎり」のアメリカ版と言っていいかもしれません。

Column 1 ランチタイムを表す言葉

chow は、「lunchtime だよ」という意味です。chow はくだけた言い方で「食べ物」を指します。

Column 4 impress の使い方いろいろ

ただ impress と言ったら、「いい印象を与える」という意味です。"She impressed me." は "She made a very positive impression on me."（彼女からとてもプラスの印象を受けた）と同じ意味で、"I was impressed." と言えば、「とてもすばらしいと思った」ということになります。

わたしのことはこう呼んで

file-41

1

2

My name is Lydia, but for today you can call me "Snowflake."

わたしはリディア。でも今日は、わたしを"雪のひとひら"と呼んでいいわ

You can call me "Snowflake" because there's only one of me in the whole world!

なぜ"雪のひとひら"かっていうと、わたしみたいな女の子は世界にたったひとりしかいないからよ!

3

4

1990.1.5

I'll have to get back to you on that...

それについては、またあらためて……

Round 1	Round 2	Round 3	Round 4	Round 5	Round 6
月　日	月　日	月　日	月　日	月　日	月　日

セットフレーズの知識

☐ **for today**　今日だけは

▸ リディアの言う for today は「一時的に今日だけは」の意味です。他には **for now** とか **for right now**、**for the time being** などの言い方があります。毎日名前を変える人はいませんから、リディアの言うことはとても変です。さらに彼女は "You can call me 'Snowflake'." などと言います。自分のニックネームを教えるときには "Just call me..." や "Everybody calls me..." のように言いますが、リディアの言い方だと「こう呼んでよろしい」と許可を与えているようです。

☐ **there's only one of me**　わたしは世界で唯一の存在だ

▸ これはとても自己中心的で尊大な言い方です。確かに同じ雪片はふたつとありませんが、彼女は世界一の重要人物だと思っているようです。

☐ **I'll have to get back to you.**　のちほど返答します

▸ リディアの尊大な言い方にライナスはびっくりします。どう答えたらいいやら。彼はごく日常的な表現を使って **"I'll have to get back to you on that."** と言います。大人の世界ではこの言い方は、今はきちんと返事ができないけれど、あとで調べたり考えたりして答えるという意味です。例えば商談をしているときに "I don't know right now. Let me get back to you on that."（今は分かりません。あとで連絡しますので）と言ったりします。ライナスはどうしてこう言ったのでしょう。たぶん彼女があまり突拍子もないことを言うのでまともに相手はできないと思ったのでしょう。

学校 08

今日のレポートを発表します

file-42

1

2

3

Yes, ma'am...

はい、先生……

My report today asks the question, "Where will it all end?"

今日のわたしのレポートは、"世界はこの先どうなるのか?"というテーマです

4

WE ALL NEED A PHILOSOPHY.. MY OLD PHILOSOPHY WAS, "WHATEVER, WHO CARES? AND HOW SHOULD I KNOW?"

5

We all need a philosophy... My old philosophy was, "Whatever, Who cares? And how should I know?"

誰でも哲学を持つ必要があります…… 前はわたしの哲学は"どうでもいいじゃない。わたしの知ったことじゃないわ"でした

Can a philosophy carry us through troubled times?

困難な時代を哲学で乗り切ることができるか?

6

What happens when our philosophy fails?

哲学が無力だったらどうなるのか?

7

8

We turn to that most ancient of desperate cries...

そうなったら頼りになるのは原始の絶望の叫びです……

"Mom!"

"ママ!"

9

1997.2.9

Have you ever had twenty-eight students and a teacher look at you like you've lost your mind?

28人の生徒と先生に、頭がおかしくなったの?って顔で見られたことある?

セットフレーズの知識

□ **Whatever.**
どうでもいいよ

▸ "Whatever." も **"Who cares?"** も **"How should I know?"** も、自分には全く関心がないという冷淡な態度を表す言い方で、超然とした態度を気取りたいティーンエージャーたちが特によく使います。

□ **carry someone through**
(困難を乗り越えられるよう) ～を手助けする

▸ 「困っている人に手を貸す」「手伝って難関を乗り切らせてあげる」という意味です。
【例】I loaned him some cash to carry him through until payday.
給料日までもたせられるように、彼にお金を貸してあげた。

□ **turn to...**
～に頼る／～をあてにする

▸ 【例】I know I can always turn to you in times of crisis.
困ったときにはいつも助けてくれるとあてにしているよ。

□ **lose one's mind**
正気を失う

▸ **"Have you lost your mind?"** (頭、おかしいんじゃない？) は相手の言動が常軌を逸しているときに言う言葉です。相手のしていることが全く納得できないという非難の意味でも使います。また **"I was out of my mind with worry."** (心配でまともにものが考えられなかった) などのような使い方もあります。

文化背景の知識

アメリカの授業風景

ここでサリーが行っているreportは、日本の学校で使われる「レポート」とはちがう意味で、生徒が教室で簡単な発表をすることをいいます。これは、上級生になってプレゼンテーションをするための準備のようなものです。ここでサリーは、哲学的思考が必要な "Where will it all end?"（世界はこの先どうなるのか？）というテーマを発表していて、とうてい小学生に扱えない議題です。「この世の終わり」というニュアンスが加わるととても深遠な命題になって、そんなことをサリーの歳の子どもが口にすること自体がユーモラスです。ふつうは何かがえんえんと続いてうんざりしたり、事態がどんどん悪化していくときに使います。食事の時間をとうに過ぎているのにいつまでも会議が終わりそうもないときなどに。

alliteration（頭韻）

troubled times のように語頭の音（t）がそろっていることを **alliteration（頭韻）** と言い、英語話者の耳には印象的な響きを持っていて、Mickey Mouse や Donald Duck という命名も頭韻によっています。このtroubled times（最後のsにご注意）という言い方も頭韻の響きのおかげもあって慣用句になっており、「混乱した、平安の失われた時代」を指して使われます。また精神的に不安定な若者（troubled youths）や、不祥事続きの企業、政情不安定な国家などもtroubledという形容をされます。

○!! ×?

1

2

Question number one... 第1問…… **True!** ○!

3

4

5

True again! False! 次も○! これは×!

True, by golly! And false and true and true! これは絶対○! ×、○、○!

False again!! There's no doubt about it! これも×!! まちがいないわ!

6

7

True! That one is absolutely true!
○! これは絶対に○!

False! False! False! True!
×! ×! ×! ○!

8

9

Oh, I say this one is really false!!
ああ、これはもう、どう見たって×よ!!

True! False! True! False! True! False!
○! ×! ○! ×! ○! ×!

10

11

Huh? What? What's the matter? Huh?
えっ? 何よ? どうしたの? えっ?

You were getting kind of loud...
ちょっと声が大きいよ……

TRUE, BY GOLLY! TRUE!! ○よ、絶対! ○だったら!!
Psst! Patty! しーっ! パティ!

12

13

1973.2.4

How embarrassing.
あら、恥ずかしい

It's easy to get carried away in these true or false test...
○×テストって、つい夢中になっちゃうのよね……

セットフレーズの知識

□ by golly
本当に／全く

▸ by golly は強調のための言葉ですが婉曲表現です。本来は by God（神かけて）なのですが、キリスト教ではみだりに " 神 " という言葉を使ってはならないとされているからです。Gosh というのもあります。Jesus Christ（イエス・キリスト）という名前もやたらに口にできないので、代わりに Jeez や Geez、Gee などと言います。中には J と C 以外はすっかり変えてしまって **Jiminy Cricket** と言う人もいます。Devil という言葉にも同じようなことがあって、悪魔の名を口にするとほんとうに悪魔が現れると恐れられていました。そこで "What the devil!?"（いったい何だ !?）の代わりに **"What the dickens!?"** と言ったりします。チャーリー・ブラウンの口癖の **"Good grief!"**（やれやれ）も "Good God!" の代用表現と見ることができます。

□ There's no doubt about it!
疑いの余地がないよ！

▸ 日本語と全く同じで、「絶対に確かだ」というときに言います。次の **"Absolutely true!"** も同じ意味で、**"Beyond the shadow of a doubt."** という言い方もあります。

□ Psst!
ちょっと！

▸ この感嘆詞には⑴内緒、⑵親しみ、のふたつの意味合いがあります。ここではフランクリンは先生に気づかれないようにペパーミント パティの注意を引こうとして使っています。

□ get carried away
没頭する

▸ 何かに没頭してまわりが分からなくなってしまうことで、よくあるのがお酒を飲んでいるときやスポーツ観戦をしているときなどでしょう。

文化背景の知識

アメリカの試験問題

true-false questions では、設問の文章の内容が正しければ T、まちがっていれば F と書くか、あるいは True、False と書かれた欄のどちらかにチェックをつけます。3つ以上の選択肢から正解を選ぶ multiple-choice questions という形式もあって、子どもたちはふざけて multiple-guess questions と呼んでいます。知識に基づくのではなく guess（勘）で答えるからです。true-false questions では正解するチャンスは 50%ありますが、3～4 択の選択肢がある **multiple-choice questions** は少し難しくなります。**Fill in the blank（空欄補充問題）**は回答を考え出さなければいけないので、より知識を要する問題です。**essay question（文章問題）**は上級生になるとよく出くわす問題形式で、詳細な回答やその回答の理由を書かせるものです。日本の学校とちがい、アメリカの学校ではクリティカルシンキングに重きを置いています。

Column 12 「恥ずかしい」を表す英単語

日本語に訳すと「恥ずかしい」になる言葉が英語にはふたつあって、その意味は大きく異なっています。

ひとつは shame あるいは be ashamed で、これはまさに「恥をかく」という意味です。ペパーミント パティがしたことはそれほど重大ではありません。少し声が大きすぎたと言うだけのことですから、もうひとつの embarrassing がふさわしいところです。

学校 10

ごはんの前借り

file-44

1

2

Chomp Chomp Chomp　むしゃ むしゃ むしゃ
Rats... I'm still hungry...　ちぇっ……まだお腹いっぱいにならない

3

4

ANOTHER ADVANCE?
またかい？

Maybe I can get an advance tomorrow night's dinner...
明日の夕ご飯を前渡ししてもらえるかもしれない……

5

I don't know what I'm going to do with you...
いったいどうしたもんかね……

Round 1	Round 2	Round 3	Round 4	Round 5	Round 6
月　日	月　日	月　日	月　日	月　日	月　日

All right, here you are, but I want you to know I just figure out something...

はい、じゃあ、これ。でもね、言っとくけど、今計算したからね……

1972.1.2

You are now five years ahead of yourself on dinners!

きみにはもう5年分の夕ご飯を前渡ししているよ

So what's wrong with a little deficit eating?※

少しぐらいの赤字がなんだっていうの?

※ **deficit eating**…deficit spending（赤字財政支出）のもじり。

セットフレーズの知識

□ get an advance
前借りする

▸ advance は、サラリーマンだと給料の「前借り」、作家の場合は印税の「前払い」です。週ごとあるいは月ごとに決まった額のお小遣いをもらっている子どもがお金がなくなってしまって親にねだるのも同じ advance で、これも日本語では「前借り」でしょうか。

□ I don't know what I'm going to do with you.
あなたにどう対処したらよいか分からない／困った人だ

▸ 相手の態度に対していらだつと同時に観念している気持ちの表れです。チャーリー・ブラウンはスヌーピーの性格を変えることはできないとあきらめているのです。疑問文にして **"What am I going to do with you?"** としても同じ意味で、答えを求めているのではありません。

□ figure out
分かる／明らかになる

▸ 何かの原因が分かる、あるいはどういう結果になるかが分かるという意味です。ここではチャーリー・ブラウンは実際に figure（数字）を使って、スヌーピーがどれだけよけいにご飯を食べたかを計算していますが、必ずしも数字を出すとは限らず、頭で考えて何かが分かったというときに使う表現です。

「分かった」を意味する他のセットフレーズ

I know!（分かった！）
Now I see!（[今まで分からなかったときに] 分かった！）
I get it!（今分かった）
Gotcha! = Now I have got [your meaning]!（了解！）

☐ ahead of...
～よりも前に

▸ 例えば ahead of schedule は「予定よりも早く仕事がはかどっている」という、うらやましい状態を指します。**ahead of other people** だと、他の人よりも速いペースで働いたり、移動したり、出世したりしているということです。

☐ What's wrong with...?
～の何が悪いの？

▸ **"What's wrong with you!（?）"** と言うと全くちがう意味になって、相手のしたことに対する非難を表すか、あるいは相手の健康を気遣う表現になります。

文化背景の知識

数の数え方

日本では " 正 " という字を書いて数を数えますが、欧米では 1 から 4 まで縦棒を並べて書いていき、5 で横棒を書くことで数えます。
他にも、**身長はフィート（'）とインチ（"）**で表し、例えば 6'2" と書くと 6 フィート 2 インチ（約 188cm）を表せます。また重さはポンドで数えるので、スーパーで "1lb. $2" という字を見かけるかもしれません。これは 1 ポンド 2 ドルのことで、ポンドはおおよそ 450 グラムにあたります。

学校 11

どんな子と結婚すると思う？

file-45

1

I'm sort of curious about something...
ちょっと気になることがあるんだけど

2

3

Do you think you'll ever get married, Chuck?
自分が結婚すると思う、チャック？

Oh, I suppose so... Just about everyone does...
ああ、すると思うよ……みんなと同じように……

What kind of girl do you think you'll marry? どんな女の子と結婚すると思う？

4

Well, I always kind of hate to talk about those things because it may sound silly, but I'd like a girl who would call me, "poor, sweet baby."

うーん、こういう話は苦手なんだ、馬鹿みたいに聞こえるからね。でも、ぼくはぼくのことを"かわいい坊や"って呼んでくれる女の子がいいなと思っている

5

POOR, SWEET BABY?!! かわいい坊や?!!

Uh, huh! うん、そうさ!

6

If I was feeling tired, or depressed or something like that, she'd cuddle up close to me, kiss me on the ear and whisper, "poor, sweet baby."

ぼくが疲れていたり、落ち込んでいたり、そういうときには、彼女がぼくを抱き寄せて、耳にキスして、"かわいい坊や"ってささやいてくれるんだ

7

8

Forget it, Chuck... It'll never happen!

忘れなさい、チャック……
そんなの、ありっこないでしょう!

[SMAK!]※

チュッ!

Poor, sweet baby!

かわいい坊や!

※ **smak**…キスの音を表わすコミック表現。smooch も同。

1973.4.8

セットフレーズの知識

□ sort of / kind of... ～みたいな／一種の～

▸ **sort of**（1コマ目）と**kind of**（4コマ目）の両方が使われていますが、これは発言をぼかしたり、ソフトにする表現です。

【例】John seems sort of boring to me.
ジョンはなんだかつまらない人みたいだ。
The restaurant was kind of expensive, so I didn't go back.
そのレストランは、ちょっと値段が高めだったから、その後は一度も行っていない。

□ Uh, huh! そうだね！

▸ あまり教科書に出てこない言葉かもしれませんが、アメリカ人は日に何度も使います。「イエス」「きみの言うとおりだ」「そうだね」「分かったよ」というような意味になります。

□ Forget it. もういいよ

▸ 「それは不可能だと思うよ」という考えを簡潔に表せる言い方です。

【例】Ask Rita for a date? Forget it. She'd never go out with me.
リタにデートを申し込む？　無理だよ、そんなの。彼女がぼくと付き合ってくれるわけがない。

文化背景の知識

ニックネーム

アメリカ人の生活にニックネームは欠かせません。皆さんご存じのようにチャーリー・ブラウンを「チャック」と呼ぶのはペパーミント パティだけです。チャールズをチャックと呼ぶのはごく自然なことで、ウィリアムがビル、ウィル、ビリー、ウィリーなどと呼ばれたり、エリザベスがリズやベスと呼ばれるのと同じです。ニックネームには他に外見の特徴を捉えたものがあり、例えば赤毛の男の子がレッドと呼ばれたり、背の低い人がショーティ（Shorty）、ほっそりした人がスリム（Slim）と呼ばれたりします。

著者紹介

Charles M. Schulz　チャールズ・M・シュルツ／ピーナッツコミック

1922年、アメリカ、ミネソタ州生まれ。26歳で新聞連載コミック作家としてデビュー。世界中の人々に愛される連載コミック『ピーナッツ』を50年間書き続ける。2000年2月、逝去。

James M. Vardaman　ジェームス・M・バーダマン／編・著

1947年、アメリカ、テネシー州生まれ。ハワイ大学アジア研究専攻、修士。早稲田大学名誉教授。著書に『毎日の英文法　頭の中に「英語のパターン」をつくる』、『毎日のリスニング　頭の中に「英語を聴く回路」をつくる』（以上、小社）、『アメリカ黒人の歴史』（NHK出版）、『黒人差別とアメリカ公民権運動』（集英社新書）、『アメリカ黒人史』（ちくま新書）ほか

三川 基好　みかわ・きよし／訳

1950年東京生まれ。早稲田大学大学院修士課程修了、早稲田大学文学部教授、英米文学翻訳家。翻訳書に『残酷な夜』、『ポップ1280』（以上、扶桑社）、『毒魔』（新潮文庫）ほか多数。2007年、逝去。

毎日のスヌーピー

現場で使える英会話力をつける

2023年8月30日　第1刷発行
2024年1月20日　第2刷発行

著者　Charles M. Schulz　James M. Vardaman
ブックデザイン　杉山健太郎
発行者　宇都宮健太朗
発行所　朝日新聞出版
〒104-8011　東京都中央区築地5-3-2
電話　03-5541-8814（編集）
03-5540-7793（販売）
印刷所　大日本印刷株式会社

Published in Japan by Asahi Shimbun Publications Inc.
ISBN 978-4-02-251909-2
定価はカバーに表示してあります。